Klaus Mangold
Die Welt der Dienstleistung

KLAUS MANGOLD (Hrsg.)

# DIE WELT DER DIENSTLEISTUNG

PERSPEKTIVEN FÜR
ARBEIT UND GESELLSCHAFT
IM 21. JAHRHUNDERT

SPRINGER FACHMEDIEN WIESBADEN GMBH

Die Deutsche Bibliothek - CIP - Einheitsaufnahme

**Die Welt der Dienstleistung** : Perspektiven für Arbeit und
Gesellschaft im 21. Jahrhundert / Klaus Mangold (Hrsg.), [Red.:
Rainer Knubben]. - Frankfurt am Main : Frankfurter Allgemeine,
Zeitung für Deutschland ;

ISBN 978-3-322-89986-6     ISBN 978-3-322-84720-1 (eBook)
DOI 10.1007/978-3-322-84720-1

© Springer Fachmedien Wiesbaden 1998
Ursprünglich erschienen bei Betriebswirtschaftlicher Verlag Dr. Th. Gabler GmbH,
Wiesbaden 1998
Softcover reprint of the hardcover 1st edition 1998

Herausgeber: Klaus Mangold
Redaktion: Rainer Knubben

Das Werk einschließlich aller seiner Teile ist urheberrechtlich geschützt.
Jede Verwertung außerhalb der engen Grenzen des Urheberrechtsgesetzes
ist ohne Zustimmung des Verlages unzulässig und strafbar. Das gilt insbesondere für Vervielfältigungen, Übersetzungen, Mikroverfilmungen und
die Einspeicherung und Verarbeitung in elektronischen Systemen.

Abbildungen und Tabellen: Publishing Service H. Schulz, Dreieich

ISBN 978-3-322-89986-6

# Vorwort

Die Entwicklung zur Dienstleistungsgesellschaft ist neben der Globalisierung und der Informationsorientierung der Trend, der die Wirtschafts- und Arbeitswelt des 21. Jahrhunderts wesentlich prägen wird. Es ist nicht zu übersehen, welche Bedeutung Dienstleistungen bereits heute für die deutsche Wirtschaft und Gesellschaft haben. Doch der Umbruch des wirtschaftlichen Wertschöpfungssystems und die Veränderung der Gesellschaft sind noch längst nicht abgeschlossen. Dabei gehen insbesondere von den neuen Informations- und Kommunikationstechnologien nachhaltige Impulse für den Wandel zur Informations-, Wissens- und Dienstleistungsgesellschaft aus.

Besonders tiefgreifende Veränderungen sind für die zukünftige Gestaltung der Arbeitswelt zu erwarten. Der zweite debis Dienstleistungskongreß, den die Daimler-Benz InterServices (debis) AG im Oktober 1997 in Berlin durchgeführt hat, widmete sich daher dem Thema „Mit Dienstleistungen in die Arbeitswelt des 21. Jahrhunderts". Hochrangige Experten aus Politik, Wirtschaft und Wissenschaft erörterten auf diesem Kongreß die Auswirkungen von Dienstleistungen auf Arbeit und Gesellschaft.

Das vorliegende Buch dokumentiert die Beiträge des Kongresses sowie die Stellungnahmen von Experten, die sich in einer Diskussionsrunde mit möglichen Wegen in die von Dienstleistungen geprägte Arbeitswelt des nächsten Jahrhunderts auseinandergesetzt haben. In einem Anhang zu diesem Buch werden darüber hinaus konkrete Handlungsempfehlungen zur Stärkung des Dienstleistungssektors aufgeführt.

Mit dieser Veröffentlichung sollen neue Aspekte und wegweisende Impulse in die Diskussion über die Zukunftsperspektiven der Dienstleistungen eingebracht werden. Dabei wird vor allem den Fragen nachgegangen,

- welches die geeigneten Wege beim Übergang in die Arbeitswelt des 21. Jahrhunderts sind,

- welches die Herausforderungen sind, die uns auf diesen Wegen erwarten, und

- welche Chancen sich für uns aus den zu erwartenden Veränderungen ergeben.

Dieses Buch macht deutlich, daß sich Arbeit und Gesellschaft im Wandel zur globalen Dienstleistungsgesellschaft entscheidend umgestalten werden. Ohne eine weit größere Flexibilität im Arbeitsleben wird wettbewerbsfähiges Wirtschaften in der Dienstleistungsgesellschaft nicht mehr möglich sein. Wenn die hieraus resultierenden Herausforderungen angenommen werden, entstehen vielfältige Chancen für neue Märkte, Produkte und Dienstleistungen. Dies machte der zweite debis Dienstleistungskongreß deutlich. Es gilt, diese Chancen sinnvoll zu nutzen, um das wirtschaftliche Wachstum anzuregen und neue, zukunftsträchtige Arbeitsplätze zu schaffen.

Berlin, im März 1998 *Klaus Mangold*

# Inhalt

**Vorwort** .............................. 5
*von Klaus Mangold*

**Einführung** .......................... 13
*von Jürgen Jeske*

**1. Kapitel**
**Aufgaben** ............................ 21

Dienstleistungen, Innovationen und
Unternehmenswert ...................... 25
*von Jürgen E. Schrempp*
Dienstleistungen – Schlüssel für Wachstum
und Beschäftigung ..................... 37
*von Helmut Kohl*
Strategien und Handlungsfelder für
das 21. Jahrhundert ................... 55
*von Klaus Mangold*

**2. Kapitel**
**Wege** ............................... 79

Dienstleistungen in einer Wirtschaft ohne Grenzen ... 83
*von Renato Ruggiero*
Dienstleistung durch Flexibilisierung – oder gar nicht .. 99
*von Meinhard Miegel*

Neue Informationstechnologien in der Arbeitswelt
von morgen .......................... 113
von Bill Gates
Dienstleistungen in der amerikanischen
Wirtschaft ............................ 119
von Richard N. Cooper

## 3. Kapitel
**Herausforderungen** ...................... 129

Wider das Ende der Arbeit ................. 133
von Dominique Schnapper
Neue Arbeitsformen in der Arbeitswelt des
21. Jahrhunderts ........................ 147
von Dieter Schulte

## 4. Kapitel
**Chancen** ............................. 159

Der Telekommunikationsmarkt wird liberalisiert .... 163
von Arne Börnsen
Arbeit 21 .............................. 171
von Siegmar Mosdorf
Dienstleistungen als Chance für Existenzgründer .... 187
von Paulus Neef
Informatisierung, Globalisierung und
Individualisierung ....................... 197
von André Büssing
Internationalisierung der Daimler-Benz Forschung ... 211
von Seshu Bhagavathula

**Anhang** .............................. 217

Handlungsempfehlungen zur Stärkung des
Dienstleistungssektors ..................... 219

**Aktuelle Literaturempfehlungen** ............. 273

In einer offenen Gesellschaft, in der es keine Zukunftsgewißheit gibt, in der Unternehmer ins Unbekannte vorstoßen, ist der Weg Herausforderung und Ziel zugleich, eröffnen sich nur durch das Beschreiten neuer Wege neue Chancen.

Jürgen Jeske wurde 1935 im sächsischen Zeitz geboren. Er studierte Wirtschaftswissenschaften in Berlin und Heidelberg. 1962 trat Jürgen Jeske in die Wirtschaftsredaktion der Frankfurter Allgemeinen Zeitung ein. Von 1979 bis 1986 war er für die Wirtschaftsberichterstattung wie auch für die Unternehmensredaktion verantwortlich. Seit 1986 ist er Mitherausgeber der Frankfurter Allgemeinen Zeitung.

# Einführung

*von Jürgen Jeske*

Die drei Akzente dieses Buches über Dienstleistungen und die Arbeitswelt im 21. Jahrhundert heißen: Wege, Herausforderungen, Chancen. In einer offenen Gesellschaft, in der es keine Zukunftsgewißheit gibt, in der Unternehmer ins Unbekannte vorstoßen, ist der Weg Herausforderung und Ziel zugleich, eröffnen sich nur durch das Beschreiten neuer Wege neue Chancen.

Mit Dienstleistungen in die Arbeitswelt des 21. Jahrhunderts – das ist also mehr als eine Schlagzeile, es ist ein Programm für mehr Beschäftigung. „Dienstleistungen sind der Schlüssel für Wachstum und Beschäftigung der Zukunft", schreibt Bundeskanzler *Helmut Kohl* zu Recht. Selbst wenn die deutschen Verhältnisse mit den amerikanischen nur bedingt vergleichbar sind, weist Deutschland einen Rückstand bei Dienstleistungsarbeitsplätzen auf und muß daher schnell aufholen. „Wir müssen jetzt handeln, oder wir steigen ab." Das verdeutlicht ein Beispiel: Bei einer ähnlichen Dienstleistungsdichte wie in den Vereinigten Staaten wären in Deutschland rechnerisch rund fünf Millionen zusätzlicher Arbeitsplätze möglich. Und selbst, wenn nur ein Teil davon realisiert werden könnte, brächte das Entlastung am Arbeitsmarkt.

Doch auf welchen Wegen? *Klaus Mangold*, Vorstandsvorsitzender der Daimler-Benz InterServices (debis) AG, hebt hervor, daß am Anfang das notwendige Umdenken stehen muß. In der Dienstleistungsgesellschaft werden sich die Formen von Arbeit und Arbeitsorganisation ändern müssen. Dienstleistungen erfordern auch neue Ausbildungsfelder, eine andere berufliche Qualifizierung, eine Reform des Bildungswesens. Die Forschungs- und Technologiepolitik muß sich verstärkt den Dienstleistungen zuwenden. Bei den personenbezogenen Dienstleistungen braucht Deutschland eine besser entwickelte Dienstleistungskultur. Und nicht zuletzt bedarf es neuer Wege in die Selbständigkeit, um Gründungen anzuregen, die ihrerseits wieder auf neue Arbeitsplätze hoffen lassen.

Allerdings ist nicht zu übersehen, daß in Deutschland bereits mehr Dienstleistungen erbracht werden, als einer breiteren Öffentlichkeit bekannt ist. Es handelt sich um die vielfältigen unternehmensinternen Dienste rund um das Produkt. In den Vereinigten Staaten sind sie weitgehend aus den Industrieunternehmen ausgelagert, in Deutschland finden sie in beträchtlichem Umfang – noch – innerhalb der Unternehmen statt. Für *Jürgen E. Schrempp*, den Vorstandsvorsitzenden der Daimler-Benz AG, vollzieht sich in Deutschland daher eine zweite industrielle Revolution, die Dienstleistungsrevolution. Industrieprodukte lassen sich heute nicht mehr ohne Dienstleistungen verkaufen, schreibt Schrempp. Es sei die intelligente Kombination von Produkt und Dienstleistung, der die Zukunft gehöre, und da seien wir stark, in Deutschland und darüber hinaus in ganz Europa. Insofern stelle die Globalisierung eine positive Herausforderung dar. Das Zeitalter der Entdeckungen ist zwar vorüber, doch wir entdecken unsere Welt immer wieder neu. Das hat nicht allein damit zu tun, daß nach dem Zusammenbruch der kommunistischen Systeme zu Beginn der neunziger Jahre nun jene rund 50 Prozent der Erwerbstätigen auf der Welt, die bislang hinter den Mauern von Protektionismus und Kommandowirtschaft lebten, nun in die Weltwirtschaft drängen – mit allen gravierenden Folgen für die Industrieländer. Es hat mehr damit zu tun, daß durch den dramatischen Rückgang der Mobilitätskosten eine andere Dimension der Beweglichkeit erreicht wird und damit auch die internationale Arbeitsteilung neu definiert werden muß. Das steckt hinter dem Begriff Globalisierung.

*Renato Ruggiero*, der Generaldirektor der Welthandelsorganisation WTO, vergleicht die entstehende grenzenlose Welt, die uns durch das Internet und seine Dienstleistungen erschlossen wird, mit der Eroberung der Meere durch Männer wie Kolumbus. Die Geographie spielt keine Rolle mehr, wenn heute Ingenieure in verschiedenen Kontinenten gleichzeitig auf dem Bildschirm an einer Konstruktionszeichnung arbeiten können, wenn indische Sachbearbeiter amerikanische Versicherungsvorgänge aufarbeiten. Damit zusammenhängend und mit wachsender Liberalisierung der Weltwirtschaft ist der Welthandel in den letzten eineinhalb Jahrzehnten mehr als doppelt so schnell wie die Wirtschaftsleistung gewachsen. Die Direktinvestitionen in der Welt haben sich etwa versechsfacht, und die täglichen Devisenumsätze an den größten Finanzzentren sind inzwischen 20mal so groß wie zu Beginn der achtziger Jahre. Das bedeutet, ökonomisch gesprochen, daß der vielgeschmähte Kapitalismus, der inzwischen längst nicht mehr allein vom Kapital vorangetrieben wird, sondern mehr und mehr vom Wissen, ganz offensichtlich aus sich selbst heraus neue Wachstumskräfte erzeugt. Das ist kein Widerspruch zur Entstehung von Arbeitslosigkeit in der Welt, denn Wachstum und Wandel haben immer Gewinner und Verlierer. Der Kapitalismus stößt nach wie vor nicht an die Grenzen des Wachstums, die sich weitgehend an statischen Denkkategorien festmachen. Der Philosoph Hermann Lübbe sieht Globalisierung als zivilisationsevolutionäre Netzexpansion und Netzverdichtung.

Vorangetrieben werden diese dramatischen Entwicklungen, deren Ausmaß wir zum Teil erst ahnen, nicht mehr vom Staat, wie in früheren Jahrhunderten, sondern vom Markt oder, besser gesagt, von schöpferischen Zerstörern und Pionierunternehmern Schumpeterscher Prägung. Sie reißen die Wirtschaften aus eingefahrenen Gleisen und setzen neue Kombinationen durch, etwa durch Dienstleistungen, durch Informations- und Kommunikationstechnik. *Bill Gates*, Chairman und CEO von Microsoft, ist einer dieser Pioniere. Er hat die Ära eines friktionslosen Kapitalismus vorhergesagt, das heißt die Annäherung an einen fast vollkommenen Markt.

Veränderungsprozesse dieser Dimension werfen freilich Fragen nach den politischen und sozialen Folgen, nach den künftigen Möglichkeiten von Politik überhaupt auf. Welche Rolle spielt in Zukunft nationale Politik noch? Welche internationalen Ordnungsrahmen braucht eine solche One World Economy? Löst sich die Industriegesellschaft auf? Welche Zukunft hat die Arbeit im herkömmlichen Sinn angesichts von Prognosen, nach denen im nächsten Jahrtausend mehr als die Hälfte der Beschäftigten nicht nur mehrfach den Arbeitsplatz wechseln und zu lebenslangem Lernen gezwungen sein werden, sondern frei und selbständig ihre Arbeitskraft vermarkten werden?

Für Deutschland stellt sich die Frage, warum dieses Land auf solche Herausforderungen nicht mit einer Aufbruchsdebatte reagiert, sondern eine Abschiedsdebatte führt, über den Abschied von einem nicht mehr bezahlbaren ausgeuferten Sozialstaat, über den Abschied von einer behaglichen Existenz im Windschatten des Ost-West-Konflikts. *Meinhard Miegel*, Leiter des Instituts für Wirtschaft und Gesellschaft in Bonn, hat seit Jahren vor den Folgen einer solchen Entwicklung gewarnt. Die Fundamente des deutschen Wohlstands zeigten Risse, hat er gesagt. Es gebe nur wenige historische Phasen, in denen eine Bevölkerung samt ihrer Führung so blind für die Zukunft gewesen sei.

Daß es auch anders geht, zeigt die Entwicklung in den Vereinigten Staaten, die *Richard N. Cooper*, Professor für Internationale Wirtschaft an der Harvard-Universität und früherer Berater der Regierung, an zahlreichen Beispielen in seinem Beitrag erläutert. Vor allem zeigt er, daß sich hinter dem Pauschalbegriff Dienstleistungen in Amerika keineswegs nur schlechtbezahlte „McJobs" verbergen.

Dennoch: Die große Herausforderung am Ende des 20. Jahrhunderts heißt Arbeitslosigkeit, vor allem in Europa. Ist Arbeitslosigkeit Schicksal? Geht uns am Ende wirklich die Arbeit aus? *Dominique Schnapper*, Soziologin und Politikwissenschaftlerin, Direktorin der Ecole des Hautes Etudes en Sciences Sociales in Paris und Präsidentin der französischen Gesellschaft für Soziologie, vertritt eine optimistische Sicht der Dinge, die sie in ihrem jüngsten Buch „Contre la fin du travail" beschrieben hat. „Die Idee, daß die Arbeit verschwinden wird oder muß, ist falsch und utopisch", schreibt sie. „Wir nähern uns nicht dem Ende der Arbeit, sondern einem Wandel der Arbeitsformen und Beschäftigungsstrukturen." Es drohe allerdings die Gefahr, daß eine ganze Generation Opfer des Übergangs wird. Wenn aber Arbeit, wie sie nahelegt, ihren zentralen Stellenwert in der Gesellschaft behalten soll, wie wird das in der Praxis gelingen, mit welchen Arbeitsformen, welchen Institutionen, mit welchen Entlohnungssystemen?

*Dieter Schulte*, seit 1994 Vorsitzender des Deutschen Gewerkschaftsbundes DGB, hat als Fazit einer Amerikareise gesagt: „Wir haben zu lange in alten Strukturen festgehangen, und das sage ich auch durchaus selbstkritisch in bezug auf die Gewerkschaften." In Amerika werde einfach einmal etwas ausprobiert. Daß das nicht heißt, daß Deutschlands Gewerkschaften ihren Kampf um Ansprüche und Recht der Arbeitnehmer aufgäben, sondern wie sie angesichts der weltwirtschaftlichen Veränderungen neu definiert werden könnten, beschreibt Schulte in diesem Buch.

Am liberalisierten Telekommunikationsmarkt werden die Zusammenhänge Dienstleistung, Technik, Liberalisierung und Arbeitsmarkt besonders deutlich. *Arne Börnsen*, Vizepräsident der Regulierungsbehörde für Telekommunikation und Post, beschreibt, wie der Monopolist zunächst Arbeitsplätze abbauen muß, um wettbewerbsfähig zu bleiben, die Digitaltechnik weniger Personal erfordert, auf dem liberalisierten Markt dann aber auf niedrigerem Preisniveau neue Dienste entstehen können, wozu auch Gewerkschaften, zum Beispiel mit dem Tarifvertrag über Teleheimarbeit, ihren Teil beitragen können.

Letztlich münden diese Überlegungen freilich in die Frage nach der Wissensgesellschaft des kommenden Jahrhunderts. Der Politiker *Siegmar Mosdorf*, der Vorsitzende der Enquete-Kommission „Zukunft der Medien in Wirtschaft und Gesellschaft – Deutschlands Weg in die Informationsgesellschaft" –, verweist darauf, daß in den Vereinigten Staaten Absolventen des MIT in Boston bis jetzt 4000 Unternehmen mit 8500 Fabriken gegründeten haben, die zusammen mehr als eine Million Mitarbeiter beschäftigen.

Diese Erfolgsgeschichte würde man sich auch von deutschen Universitäten wünschen: Universitätsstädte als Quellenstandorte für erfolgreiche Neugründungen. Wir als Gesellschaft müßten es schaffen, auf einer gesamtwirtschaftlichen Ebene ein Netzwerk aufzubauen, das Existenzgründer unterstützt und Innovationen vorantreibt, schreibt der erfolgreiche Mittelständler *Paulus Neef* (Pixelpark Multimedia-Agentur GmbH in Berlin), ein Mann, der vor Jahren selbst vor dieser Situation gestanden hat. Auf solche transorganisationalen kooperativen Netzwerke verweist auch *André Büssing*. Daß diese Vernetzung inzwischen längst internationale Dimensionen erhalten hat, beschreibt *Seshu Bhagavathula*, der Leiter des Daimler-Benz Forschungszentrums in Bangalore, dem indischen Silicon Valley. Dort gibt es nicht nur die enge Zusammenarbeit zwischen international renommierten Universitäten und der Wirtschaft, sondern von hier aus bringen indische Wissenschaftler auch neue Methoden in die Weltwissensgesellschaft ein, Methoden, von denen auch in Deutschland gelernt werden kann.

# 1. Kapitel

## Aufgaben

*Informations- und Wissensarbeit werden zu dominierenden Formen der Erwerbsarbeit, und Dienstleistungen werden ein zentraler Faktor für den unternehmerischen Erfolg. Die Verbindung eines industriellen Produkts mit einer dazugehörigen Dienstleistung ist eine immer bedeutender werdende Komponente in einer modernen Volkswirtschaft. Aufgrund seiner starken industriellen Basis hat Deutschland hervorragende Ausgangsbedingungen, um im internationalen Wettbewerb der Zukunft zu bestehen. Welche Weichenstellungen müssen heute vorgenommen werden, damit in Deutschland mehr Dienstleistungsarbeitsplätze und international wettbewerbsfähige Dienstleistungen entstehen?*

Ein ganz wichtiges Wachstums- und Innovationspotential liegt im Verbund von Dienstleistungen und Industrie. Denn Kostensparen allein ist nicht die Antwort; nur der Doppelschritt mit Innovationen bringt Wachstum.

Jürgen E. Schrempp wurde 1944 in Freiburg geboren. Im Anschluß an sein Ingenieurstudium arbeitete er ab 1967 in verschiedenen Bereichen der Daimler-Benz AG. Er bekleidete Führungspositionen im Ausland, unter anderem in den USA und in Südafrika, bevor er 1989 Vorstandsvorsitzender der neu gegründeten Deutsche Aerospace AG und Mitglied des Vorstandes der Daimler-Benz AG wurde. Seit 1995 ist Jürgen E. Schrempp Vorsitzender des Vorstandes der Daimler-Benz AG.

# Dienstleistungen, Innovationen und Unternehmenswert

*von Jürgen E. Schrempp*

Die gegenwärtige Zeit ist durch große Veränderungsprozesse gekennzeichnet – in der Welt, in Europa und in unserem Land. Da ist die Globalisierung, ferner die Europäische Währungsunion, der Strukturwandel zur Dienstleistungs- und Wissensgesellschaft. Und da ist nicht zuletzt das drängendste Problem unserer Zeit, die Arbeitslosigkeit. Und doch, es gibt noch optimistische Unternehmer. Ich gehöre dazu. Ich bin nämlich davon überzeugt, daß Globalisierung eine positive Herausforderung darstellt. Wir werden umdenken müssen, damit die deutsche und die europäische Wirtschaft eine Zukunft haben, damit sie sich insgesamt im globalen Wettbewerb nicht nur gut behaupten können, sondern auch gute Wachstumschancen besitzen. Ein ganz wichtiges Wachstums- und Innovationspotential liegt dabei im Verbund von Dienstleistungen und Industrie. Denn Kostensparen allein ist nicht die Antwort; nur der Doppelschritt mit Innovationen bringt Wachstum. Natürlich haben wir in Deutschland wie auch in Europa Handlungsbedarf. Aber ich bin sicher, daß wir ihn bewältigen. Die Voraussetzungen dafür sind gut.

## Unternehmensinterne Dienstleistungen

Zunächst: Ich meine, daß der Dienstleistungsstandort Deutschland gar nicht so schlecht dasteht. Wie komme ich dazu, das zu behaupten? Weiß nicht jedermann, daß wir etwa im Vergleich zu den USA oder Japan bei den Dienstleistungen hinterherhinken? Meine Antwort: Ein Großteil der Dienstleistungen in Deutschland wird in den Industrieunternehmen erbracht und ist damit in der gesamtwirtschaftlichen Statistik nicht auf den ersten Blick zu erkennen.

Lassen Sie mich das präzisieren. Wenn wir von Dienstleistungen sprechen, denken wir in aller Regel an die Auskunft am Bankschalter, die Bedienung im Restaurant, die Ölkontrolle an der Tankstelle, die Regelung des Versicherungsschadens. Wir denken an Gesundheits-, Finanz-, Transport- und öffentliche Dienste. Wir fordern, daß diese Dienste ausgebaut, moderner, kundenfreundlicher werden. An ihrem Beispiel beklagen wir die fehlende Dienstleistungsmentalität in Deutschland und schauen voller Neid etwa auf die USA. Und natürlich: Die Mentalität vor allem in Deutschland muß sich ändern. Dienen muß positiv besetzt werden. Dies gilt natürlich auch für Kundenorientierung.

Was uns bei all dem jedoch aus dem Blick gerät, sind die Dienstleistungen, die innerhalb der Unternehmen erbracht werden: die unternehmensinternen Dienste rund um das Produkt. In den Vereinigten Staaten sind sie weitgehend aus den Industrieunternehmen ausgelagert, in Deutschland finden sie in beträchtlichem Umfang – noch – innerhalb der Unternehmen statt. Beispiele finden sich zuhauf: die Beratungsleistung beim Verkauf eines Produktes, die Einweisung in das Produkt, die Mitarbeiterschulung und -qualifizierung, das Gebäudemanagement, die Anlageninstandhaltung, das Produktdesign, die Marktforschung oder ganz allgemein die Forschung.

Alles das sind qualitativ hochwertige, moderne Dienstleistungen, die heute in Deutschland zu einem großen Teil innerhalb der Industrie erbracht werden. So waren bereits Anfang der neunziger Jahre zwei Drittel der industriellen Tätigkeiten Dienstleistungen, entweder allgemeiner Art, wie etwa Verwaltungsleistungen, oder direkt auf das Produkt bezogene Dienste. Wie wir das in der Wirtschaft gewohnt sind, sollten wir uns also ganz nüchtern die Lage ansehen. Dann stellen wir fest: Wir stehen im internationalen Vergleich bei den produktbezogenen Dienstleistungen gar nicht schlecht da. Wie könnten wir auch unsere starke Export-Leistung aufrechterhalten, wenn wir in Deutschland hier nicht Spitze wären?

Noch deutlicher wird das, wenn wir uns einige typische betriebswirtschaftliche Strukturdaten ansehen. Da kommt man nämlich zu dem verblüffenden Ergebnis, daß in Deutschland nur 10 bis 25 Prozent der industriellen Wertschöpfung im Verarbeitenden Gewerbe sich als Lohn direkt am Produkt vollziehen. Das heißt im Gegenzug: 75 bis 90 Prozent der Wertschöpfung in der Industrie sind im strengen Sinne des Wortes unternehmensinterne Dienstleistungen.

## Produkt und Dienstleistungen intelligent kombinieren

Haben damit diejenigen recht, die die Zukunft Deutschlands in einer „Blaupausengesellschaft" sehen? Nein. Was wir heute erleben, ist nicht etwa der Niedergang des Industriesektors – obwohl diese Aktivitäten heute mit weniger Menschen auskommen. Wir erleben vielmehr eine zweite industrielle Revolution: die Dienstleistungsrevolution. Noch nie in der Geschichte mußten die Herstellung und die Einführung eines neuen Produktes so intensiv vor- und nachbereitet werden wie heute.

Warum? Weil sowohl die Produkte als auch die Prozesse um ein Vielfaches komplexer geworden sind. Und weil die Kunden von uns zunehmend innovative, maßgeschneiderte Lösungen erwarten. Weltweit. Komplettpakete sind gefragt – etwa der Pkw mit Full-Service-Leasingangebot. Oder die komplette Verwaltung ganzer Fuhrparks, das Fleet Car Management – auch das ist ein Angebot unserer Dienstleistungstochter debis – im übrigen ein stark wachsendes Geschäft. Und bei den Nutzfahrzeugen reichen die Dienstleistungen bis zum Contract Hire, bei dem der Kunde nur noch die Kilometerleistung einkauft. Alles andere wird ihm beim Contract Hire abgenommen.

Industrieprodukte lassen sich heute nicht mehr ohne Dienstleistungen rund um das Produkt verkaufen. Im Gegenzug heißt das wiederum, daß hochwertige Dienstleistungen auf einen leistungsfähigen und innovativen industriellen Kern angewiesen sind. Anders gesagt: Es ist die intelligente Kombination von Produkt und Dienstleistung, der die Zukunft gehört. Und da sind wir stark, in Deutschland und auch in Europa.

Nehmen Sie als ein Beispiel die Kombination von innovativen Dienstleistungen und Verkehrsmitteln, die Telematik: In einem gemeinsamen Projekt haben kürzlich Daimler-Benz und debis mit der Tokioter Polizei das erste funktionierende dynamische Navigationssystem der Welt in Betrieb genommen. Und das im High-Tech-Land Japan, das zudem extrem dienstleistungsorientiert ist! Ein weiteres Beispiel mit ähnlicher Zielsetzung: In unserem Forschungsinstitut in Palo Alto haben wir die modernen Möglichkeiten von Internet-Anwendungen mit den Bedürfnissen des Autofahrens verknüpft. Mit diesem Internet-on-Wheels kann man zum Beispiel Hotels buchen, einen Platz im Parkhaus reservieren, nach Informationen suchen und vieles mehr.

Sie sehen: Industrie und Dienstleistung stehen nicht in Konkurrenz zueinander. Das ist eine antiquierte Vorstellung, von der wir uns freimachen sollten. Industrie und Dienstleistung bedingen sich vielmehr gegenseitig. Und ich sehe für Deutschland, mehr noch für Europa, einen Standortvorteil im globalen Wettbewerb. Ich sehe ihn darin, daß es uns gelingen wird, unsere leistungsfähige industrielle Basis mit intelligenten Dienstleistungen zu verknüpfen.

## Europas Stärken nutzen

Was macht mich so zuversichtlich? Meine erste These mag Sie überraschen. Sie ergibt sich gerade aus der Verschiedenartigkeit der einzelnen europäischen Länder. Ich meine, uns erwachsen besondere Chancen daraus, daß die Länder Europas bezüglich ihrer Entwicklung und damit auch ihrer Rolle innerhalb der internationalen Arbeitsteilung durchaus heterogen sind. Die Spielregeln des globalen Wettbewerbs gelten auch innerhalb Europas. Und diese Spielregeln lauten, daß die Wertschöpfung dort stattfindet, wo die Bedingungen optimal sind. Wir sollten die unterschiedlichen Stärken und lokalen Standortvorteile systematisch nutzen – bei der Produktion und bei den Dienstleistungen, beim Export und bei der Bedienung der Binnennachfrage. Wir sollten die innereuropäische Arbeitsteilung optimieren. In der Vielfalt Europas liegt unsere Einmaligkeit. Machen wir sie zu unserer Stärke!

Denn diese Stärke können wir – These zwei – für Innovationen über die gesamte Wertschöpfungskette nutzen. Innovationen in der Industrie und Innovationen bei den Dienstleistungen. Vor allem aber: für neue intelligente Verknüpfungen von Produkt und Dienstleistung. Darin sehe ich den wesentlichen Motor für zukünftiges Wachstum in Europa und auch für die Schaffung neuer Arbeitsplätze.

Unsere Chancen stehen gut. Wer könnte sich einen besseren Nährboden für neue Ideen vorstellen, als ihn die Vielfalt Europas bietet? Und wer könnte schneller in der Lage sein, diese Ideen in neue Produkte und Dienstleistungen umzusetzen, als dieser hochentwickelte Kontinent mit seiner hervorragenden Infrastruktur?

Natürlich kann Europa diese Stärken nur nutzen, kann seine Potentiale nur dann ausschöpfen, wenn entsprechende Rahmenbedingungen geschaffen werden. Dazu gehören:

1. Die fristgerechte Einführung der einheitlichen europäischen Währung.

2. Vergleichbare Spielregeln, um Europa standortpolitisch besser zu organisieren, also eine stärkere Koordination der Wirtschaftspolitiken.

3. Eine schlanke Verwaltung, die schnelle Entscheidungen trifft, statt einer Addition nationaler Überregulierungen. Es kann nicht sein, daß das, was die Unternehmen an Schnelligkeit, an „time to market" hinzugewonnen haben, durch jahrelange Genehmigungsverfahren zunichte gemacht wird! Im übrigen bin ich sicher, daß die notwendigen Reformen in den einzelnen Ländern nach Einführung der Währungsunion durch Druck des Marktes umgesetzt werden.

## Europa braucht einen Gründerboom

Das sind die großen Themen. Daneben gibt es ein Thema, das mir besonders am Herzen liegt: Wir brauchen neue, leichtere Wege in die Selbständigkeit. Wir brauchen einen Gründerboom, auch und gerade bei den Dienstleistungen, um die Potentiale Europas zu nutzen und neue Arbeitsplätze zu schaffen. Europa braucht Unternehmer, die den Mut haben, im Vertrauen auf eine gute Idee auch Risiken einzugehen. Darin müssen wir sie unterstützen.

Bei der Anzahl von Selbständigen liegen wir heute in Deutschland, gemessen an der Bevölkerung, unter allen Staaten der Europäischen Union im unteren Drittel. Wir haben nur drei Millionen Selbständige. In Westdeutschland sind das lediglich neun Prozent der Erwerbstätigen. Der OECD-Durchschnitt beträgt rund elf Prozent. Um ihn zu erreichen, müßten allein in den alten Bundesländern rund 800 000 neue Unternehmen gegründet werden. Wir verzeichnen hier aber nur etwa 400 000 Unternehmensgründungen im Jahresdurchschnitt, den weitaus größten Teil im Dienstleistungsbereich. Diesen stehen 300 000 Liquidationen gegenüber. Damit bleiben also nur 100 000 übrig. Und was uns besonders nachdenklich stimmen muß: Drei Viertel der Unternehmen, die scheitern, tun es in den ersten Jahren. Hier stimmt etwas nicht. Hier werden gerade die innovativ denkenden Menschen entmutigt.

Ich bin nicht dafür, uns immer mit den USA zu vergleichen. Nur eines: Die Unternehmensgründer, die es im ersten oder zweiten oder wievielten Anlauf nicht geschafft haben, versuchen es in den USA eben noch einmal – während hierzulande Hunderttausende von Menschen das Wagnis, ein eigenes Unternehmen zu gründen, bestimmt nicht wieder eingehen werden. Denn wer läßt sich schon gerne nachsagen, er sei gescheitert oder gar ein Versager?

Welche Auswirkungen die fehlenden Existenzgründungen für unsere gesamte Volkswirtschaft haben, zeigt der nüchterne Blick auf die öffentlich verfügbaren Statistiken. Die kleinen und mittelständischen Unternehmen erwirtschaften insgesamt rund 50 Prozent aller mehrwertsteuerpflichtigen Umsätze, tragen rund die Hälfte zur Bruttowertschöpfung bei, beschäftigen zwei Drittel aller Arbeitnehmer und bilden vier Fünftel aller Lehrlinge aus. Und ohne den positiven Beschäftigungsbeitrag des Mittelstandes wäre die Arbeitsmarktsituation in den letzten Jahren noch dramatischer gewesen.

Ein einfaches Rechenbeispiel zeigt, welche Beschäftigungspotentiale hier liegen: Würde beispielsweise jeder der drei Millionen Selbständigen zwei Arbeitnehmer zusätzlich beschäftigen, dann wären Arbeitslosigkeit und damit auch die Finanzierung der sozialen Sicherheit in Deutschland keine Problemfelder mehr. Das ist mir ein großes Anliegen: Wir alle müssen schnell, entschlossen, unbürokratisch handeln. Die überwiegende Mehrheit der Existenzgründer sind heute Dienstleister. Um diesen Trend zu verstärken, brauchen wir gelockerte Zulassungsvoraussetzungen und verbesserte steuerliche Rahmenbedingungen. Und um die Überlebensquote bei den neu gegründeten Unternehmen zu erhöhen, ist kompetente Beratung von ganz entscheidender Bedeutung.

Natürlich ist auch die Bereitstellung von Risikokapital ein kritischer Erfolgsfaktor bei der Gründung von Unternehmen. Hier sind auch die Geldinstitute gefragt. Gleichzeitig müssen aber weitere Instrumente geschaffen werden, um das kreative und innovative Potential in marktgängige Produkte umzusetzen und um den jungen Unternehmern gerade in der schwierigen Startphase beratend zur Seite zu stehen. Deswegen haben wir bei Daimler-Benz die Daimler-Benz Venture GmbH gegründet. Als eines der ersten deutschen Unternehmen stellen wir Risikokapital für die Gründung selbständiger Unternehmen mit innovativen Geschäftsideen bereit. Und andere folgen diesem Beispiel. Aber wir geben nicht nur Finanzierungshilfen. Wir bieten zusätzlich kompetente Beratung mit Geschäfts- und Finanzierungsplänen. Denn dies ist für Existenzgründer ebenso wichtig wie die finanzielle Unterstützung. Damit verbinden wir das im Konzern vorhandene Wissen mit attraktiven Marktchancen und schaffen zusätzlich neue Arbeitsplätze außerhalb unseres Unternehmens.

## Dienstleistungen bedeuten Zukunft

Und ist nicht auch die Erfolgsstory von debis ein überzeugender Beleg dafür, was ein Unternehmen am Standort Deutschland bei den Dienstleistungen bewegen kann? 1990 haben wir die debis AG gegründet, haben wesentliche Dienstleistungen in ihr gebündelt. debis ist ein gutes Beispiel dafür, wie sich durch die Verzahnung von Produkt und Dienstleistungen Wettbewerbsvorteile erzielen lassen. Der Erfolg gibt uns recht: Seit 1990 hat unsere Dienstleistungstochter den Umsatz beinahe vervierfacht, ebenso wie die Zahl der Mitarbeiter. Und ihr Ergebnis stimmt. Dienstleistungen sind ein wichtiges Stück Zukunft für den Wirtschaftsstandort Deutschland. Daß wir an diese Zukunft glauben, zeigt das debis Haus am Potsdamer Platz. Ein Dienstleistungszentrum in Herzen Berlins – ein Beitrag zum Aufbruch in die Arbeitswelt des 21. Jahrhunderts.

Die Bundesregierung macht den Standort Deutschland fit für das kommende Dienstleistungsjahrhundert.

Dr. Helmut Kohl, 1930 in Ludwigshafen geboren, studierte Rechts-, Sozial- und Staatswissenschaften sowie Geschichte in Frankfurt am Main und Heidelberg, wo er 1958 promovierte. Von 1969 bis 1976 war er Ministerpräsident des Landes Rheinland-Pfalz. Seit 1973 ist er Bundesvorsitzender der CDU, 1976 wurde er Mitglied des Bundestags und Oppositionsführer der CDU/CSU-Bundestagsfraktion. 1982 wurde Dr. Helmut Kohl zum Bundeskanzler gewählt.

# Dienstleistungen – Schlüssel für Wachstum und Beschäftigung

*von Helmut Kohl*

## Weichen stellen für das 21. Jahrhundert

In Berlin, der einstigen Nahtstelle zwischen Ost und West, ist mit der Überwindung von Mauer und Stacheldraht die Vision der Einheit dieser Stadt, der Einheit Deutschlands und der Einheit Europas Wirklichkeit geworden. Wir erleben heute eine Stadt im Aufbruch. Wenige hundert Meter entfernt von hier, am Potsdamer Platz, können wir dies mit Händen greifen. Dort befindet sich das neue debis Haus, eine moderne Unternehmenszentrale für derzeit weltweit 14 000 Mitarbeiter. Der Potsdamer Platz, ein Zentrum der deutschen Geschichte, entwickelt sich wieder zum Herzen dieser Stadt. Das neue debis Haus mitten auf diesem Platz ist Sinnbild für die großartigen Chancen unseres Landes an der Schwelle zum 21. Jahrhundert: Wir werden die Zukunft gewinnen, wenn wir dies nur wollen und die vor uns liegenden Aufgaben mit Zuversicht, Tatkraft und Entschlossenheit anpacken.

Im Rückblick auf dieses Jahrhundert mit all seinen Höhen und Tiefen stehen wir heute vor der Aufgabe, Bilanz zu ziehen über das, was sich bewährt hat und was wir deshalb erhalten wollen, sowie über jenes, was nicht mehr in unsere Zeit paßt und was wir deshalb ändern müssen. Gradmesser für unsere Entscheidung muß der Blick in die Augen der Kinder sein, die heute 14 oder 15 Jahre alt sind und die nach menschlichem Ermessen die Mitte des kommenden Jahrhunderts erleben werden. Diese Generation wird dann im Rückblick auf die heutige Zeit ihr Urteil darüber sprechen, ob wir am Ende des 20. Jahrhunderts die Zeichen der Zeit erkannt und die Weichen für ihre Zukunft richtig gestellt haben. Dieses Urteil wollen wir gemeinsam bestehen.

Das Thema des debis Dienstleistungskongresses – „Mit Dienstleistungen in die Arbeitswelt des 21. Jahrhunderts" – ist ein wichtiger Ansatz für die Diskussionen, die wir jetzt führen müssen. Dienstleistungen sind der Schlüssel für Wachstum und Beschäftigung der Zukunft. Die Fakten sprechen eine eindeutige Sprache: Zwei Drittel der Wirtschaftsleistung in Deutschland werden bereits heute durch private und öffentliche Dienstleister erbracht. Der Trend zur Dienstleistungswirtschaft wird sich noch weiter verstärken durch die zunehmende Globalisierung der Märkte und den immer schnelleren technischen Fortschritt, zum Beispiel durch neue Informations- und Kommunikationssysteme. Deutschland und Europa befinden sich inmitten tiefgreifender Veränderungen – und wir haben keinen Grund, darüber zu klagen, sondern allen Anlaß, über diese Entwicklung glücklich zu sein. Vor etwa einem Jahrzehnt haben wir in der NATO noch Diskussionen darüber geführt, ob wir auf dem damaligen Bundesgebiet Kurzstreckenraketen einer neuen Generation stationieren. Heute weiß dies kaum jemand mehr in Deutschland. Wir haben in jener Zeit auch die ersten Stimmen bei unseren Nachbarn in Warschau, in Prag, in Budapest und anderswo gehört, die riefen: Wir wollen Freiheit, wir wollen Selbständigkeit. Die allerwenigsten von uns, auch ich selbst nicht, haben damals geglaubt, daß wir bereits drei Jahre später hier in Berlin die deutsche Einheit feiern könnten. Wir haben die großartige Chance erhalten, unser Versprechen von damals einzulösen und unseren Nachbarn in Mittel-, Ost- und Südosteuropa dabei zu helfen, Demokratie, Rechtsstaat und Marktwirtschaft in ihren Ländern aufzubauen. Es gehört zu unseren elementaren Interessen, daß die Reformstaaten dabei erfolgreich sind. Und ich bin überzeugt davon, daß dies – ungeachtet aller Schwierigkeiten – zu schaffen ist.

Natürlich werden diese Länder dann auch stärker zu Konkurrenten der deutschen Wirtschaft heranwachsen. Die Gewichte im Welthandel werden sich weiter verschieben. Wenige Zahlen machen die Dynamik dieser Entwicklung deutlich. Das Welthandelsvolumen ist von knapp 2000 Milliarden US-Dollar im Jahre 1980 auf rund 5300 Milliarden US-Dollar in 1996 gestiegen. Der tägliche Devisenhandel belief sich Anfang der achtziger Jahre auf rund 60 Milliarden US-Dollar weltweit, Anfang der neunziger Jahre ist der Umfang bereits auf 1200 Milliarden US-Dollar geklettert.

Verbunden mit diesem Anstieg des Güteraustauschs und des Devisenhandels ist ein Aufschwung klassischer Dienstleistungsbereiche zum Beispiel im Transportgewerbe, in der Versicherungswirtschaft und bei den Kommunikationsdiensten. Dienstleistungen sind aber auch eine immer wichtigere Voraussetzung für Exporterfolge der Zukunft. Ich denke dabei besonders an die Bereiche Forschung und Entwicklung, aber ebenso auch an den Service rund um das Produkt für den Kunden. Darüber hinaus schafft der technische Fortschritt ganz neue Dienstleistungsangebote. Aktuelle Stichworte dafür sind die Bereiche Multimedia, Mobilfunk und die globalen Datennetze. All diese Entwicklungen eröffnen Chancen für neue, zukunftsfähige Arbeitsplätze.

Diese Chancen müssen wir verstärkt für uns nutzen! Selbst wenn unsere Verhältnisse mit denen der USA nur bedingt vergleichbar sind, müssen wir feststellen, daß wir in Deutschland einen Rückstand bei Dienstleistungsarbeitsplätzen aufweisen. In dieser Disziplin müssen wir schnell aufholen. Die Zeit dafür wird uns nicht geschenkt. Wir müssen jetzt handeln, oder wir steigen ab. Natürlich muß es – um es in der Sprache des Sports auszudrücken – nicht stets die Goldmedaille sein, die wir erringen. Entscheidend aber für eine gute Zukunft ist der entschiedene Wille, in der Spitzengruppe dabeizusein.

Einer Untersuchung des Instituts der deutschen Wirtschaft zufolge wären in Deutschland bei einer ähnlichen Dienstleistungsdichte wie in den USA rechnerisch rund fünf Millionen zusätzliche Arbeitsplätze möglich, vor allem im Handel und in den privaten Haushalten. Natürlich läßt sich dies nicht so einfach übertragen. Doch würde dieses Potential nur zu einem Fünftel ausgeschöpft, würde dies neue Beschäftigungschancen für eine Million Menschen in unserem Land bedeuten. Unsere Aufgabe ist es, diese Chancen konsequent zu nutzen.

Die Bundesregierung macht den Standort Deutschland fit für das kommende Dienstleistungsjahrhundert. Wir haben Bahn, Post, Telekom und die Lufthansa auf Privatisierungskurs gebracht und damit die Grundlage für moderne Dienstleistungsunternehmen der Zukunft geschaffen. Ein weiteres Beispiel: Das Multimediagesetz ist am 1. August 1997 in Kraft getreten. Damit haben wir in Deutschland ein verläßliches Fundament gelegt, auf dem sich neue Informations- und Kommunikationsdienste und damit auch moderne Arbeitsplätze dynamisch entwickeln können.

Mit einem Wort: Wir haben vieles auf den Weg gebracht, um die neuen Möglichkeiten des neuen Dienstleistungsjahrhunderts zu nutzen. Dies bestärkt mich in meiner festen Überzeugung, daß wir Deutschen ganz ohne Zweifel in der Lage sind, anstehende materielle Probleme zu lösen. Zu Pessimismus besteht nicht der geringste Anlaß. Unsere eigentliche Aufgabe sind die notwendigen Veränderungen im immateriellen Bereich. Die Schlüsselfrage lautet: Sind wir Deutschen bereit zum Umdenken? Sind wir bereit, liebgewordene Gewohnheiten zu hinterfragen? Sind wir bereit, uns ehrgeizige Ziele zu setzen und dann auch entsprechend zu handeln?

Unsere Einstellung zu diesem Thema zeigt sich besonders deutlich am Umgang mit den Leistungseliten in unserer Gesellschaft. Sie sind in den vergangenen Jahrzehnten aus ideologischen Gründen immer wieder verteufelt worden. Mit dieser Denkweise hat man uns ein Stück unserer Zukunft gestohlen. Dies müssen wir ändern, und zwar ohne Wenn und Aber. Ich bekenne mich klar und deutlich zu Leistungseliten – zu Frauen und Männern, die mehr tun, als in ihren Tarifverträgen steht, die etwas leisten, die Verantwortung übernehmen und Vorbild für andere sind.

Es muß uns auch aufrütteln, wenn wir bei der Diskussion des Themas Lehrstellen feststellen, daß rund zehn Prozent der Abgänger unserer Hauptschulen nicht ausbildungsfähig sind. Die Bundesanstalt für Arbeit wendet in diesem Jahr 850 Millionen DM dafür auf, die Ausbildungschancen dieser jungen Leute zu verbessern. Ich halte dies für eine völlig inakzeptable Situation, die wir ändern müssen. Allerdings warne ich davor, die Schuld für diesen unhaltbaren Zustand einfach den Lehrern zuzuschieben. Zuallererst tragen die Eltern Verantwortung für eine gute Zukunft ihrer Kinder. Wenn zum Beispiel zum Elternabend einer Lehrwerkstatt von 100 Lehrlingen gerade 30 Eltern kommen – ich habe dies erst vor kurzem wieder erlebt –, dann kennzeichnet dies eine Einstellung zur eigenen Verantwortung, über die gesprochen werden muß.

Wir schaffen die Rahmenbedingungen – ich nenne als weitere Beispiele die Initiative „Schulen ans Netz" der Bundesregierung und der Deutschen Telekom sowie das schnelle Schaffen neuer Berufsbilder für Lehrlinge im Multimediabereich. Entscheidend jedoch ist das Umdenken, das Ausfüllen dieses Rahmens.

Wir brauchen eine neue Dienstleistungskultur in Deutschland. Wir alle erwarten ganz selbstverständlich, daß wir beim Besuch eines Restaurants höflich und zuverlässig bedient werden. Ich plädiere leidenschaftlich dafür, diesen Tugenden – ich nenne ebenso Weltoffenheit und Mitmenschlichkeit – überall in unserer Gesellschaft wieder einen höheren Stellenwert zu geben. Wir brauchen auch wieder mehr Pioniergeist und Willen zum Aufbruch. Wir brauchen ein für Neues aufgeschlossenes gesellschaftliches Klima, eine Atmosphäre der Ermutigung – zum Beispiel für diejenigen, die etwas wagen und sich selbständig machen.

Beobachten Sie einmal die Reaktionen in Ihrem Freundes- und Bekanntenkreis, wenn dort eine junge Frau oder ein junger Mann ankündigt, sich selbständig zu machen. Häufig werden sie sogleich von vielen Seiten mit Unverständnis und Bedenken konfrontiert. Die Eltern versuchen, ihnen dieses Vorhaben auszureden – mit dem Hinweis auf die Sicherheit eines festen Arbeitsplatzes zum Beispiel bei Daimler-Benz. Die Freunde machen sich lustig über sie, weil sie eine 60- oder 70-

Stunden-Woche in Kauf nehmen, anstatt einen pünktlichen Feierabend im Büro anzustreben. Bei der Handwerks- oder Handelskammer, bei der sie sich beraten lassen wollen, stoßen sie auf ein mitleidiges Lächeln. Und wenn sie dann noch die Kraft aufbringen, zur Bank zu gehen und um einen Kredit zu bitten, werden sie zuallererst unerbittlich auf die Sicherheiten abgeklopft, die sie dagegen stellen können.

Wenn wir junge Menschen nicht mehr motivieren können und ihnen nicht aufmunternd zurufen: Packt es an!, dann haben wir selbst vor der Zukunft versagt. Natürlich: Jeder einzelne muß es selbst schaffen. Der Staat kann die Startchancen verbessern, und dies geschieht auch – nur wird dies gelegentlich nicht ausreichend zur Kenntnis genommen. Entscheidend aber – ich unterstreiche dies noch einmal – ist ein Klima des Aufbruchs und der realistischen Zuversicht. Bedenkenträger dürfen in unserer Gesellschaft nicht die Oberhand gewinnen!

Eigenverantwortung und Selbständigkeit zu stärken ist ein ganz wichtiger Beitrag für mehr Beschäftigung in unserem Land. Ein Existenzgründer schafft im Durchschnitt vier Arbeitsplätze. In den nächsten zehn Jahren werden für rund 700 000 mittelständische Betriebe Nachfolger gesucht, weil die jetzigen Inhaber aus Altersgründen ausscheiden werden. Aus all diesen Gründen ist es eine erfreuliche Entwicklung, daß die Zahl der Selbständigen in Deutschland zunimmt. Zwischen 1990 und 1995 haben sich 1,9 Millionen Menschen selbständig gemacht, davon etwa 500 000 in den neuen Ländern. Dennoch besteht kein Anlaß, die Hände selbstzufrieden in den Schoß zu legen.

Wir müssen noch mehr tun, damit junge Menschen sich ganz selbstverständlich selbständig machen. Ich frage mich zum

Beispiel, ob unser Insolvenzrecht noch den Notwendigkeiten der Gegenwart entspricht. Wenn einem Existenzgründer, der einmal scheitert, eine lebenslange Bestrafung droht, entfaltet dies keine positive Wirkung auf die Bereitschaft, das Wagnis zur Selbständigkeit einzugehen.

Ich denke ebenso an notwendige Veränderungen zum Beispiel an unseren Hochschulen. Es ist auf Dauer nicht hinnehmbar, daß rund 40 Prozent der Hochschulabsolventen in den öffentlichen Dienst streben, dagegen keine 15 Prozent ein eigenes Unternehmen gründen. An den Universitäten sollten deshalb verstärkt Existenzgründerlehrstühle eingerichtet werden, um den Gedanken der unternehmerischen Selbständigkeit stärker in den Köpfen der Studenten zu verankern. Ich sage es bei dieser Gelegenheit besonders gerne: Private Sponsoren für Existenzgründerlehrstühle sind herzlich willkommen!

Mehr Initiative ist auch beim Thema Wagniskapital für Existenzgründer und junge Unternehmer gefragt. Die Bundesregierung hat in diesem Zusammenhang im Sommer das Dritte Finanzmarktförderungsgesetz beschlossen. Wir werden die Reform der Finanzmärkte mit dem Ziel fortsetzen, mehr Offenheit, mehr Information sowie mehr Effizienz und Tiefe der Finanz- und Beteiligungsmärkte zu schaffen.

Der Gesetzentwurf zur Kontrolle und Transparenz im Unternehmensbereich wird in Kürze im Kabinett verabschiedet. Dies ist ein weiterer Baustein unseres Kapitalmarktkonzepts. Wir wollen Kapital aus aller Welt für den Anlagestandort Deutschland gewinnen und günstige Finanzierungsmöglichkeiten für Investitionen bei uns schaffen, weil dies eine wichtige Voraussetzung für zukunftsfähige Arbeitsplätze in unserem Land ist.

## Deutschland im Standortwettbewerb

Deutschland hat gute Voraussetzungen im internationalen Standortwettbewerb. Unser Land verfügt über eine ausgezeichnete Infrastruktur und hervorragend qualifizierte Arbeitnehmer. Unser duales System der Berufsausbildung ist weltweit anerkannt. Mit diesem starken Aktivposten unseres Standortes – dies möchte ich unterstreichen – sollten wir pfleglich umgehen. Manche Diskussionsbeiträge zum Thema Ausbildungsplätze vermitteln den Eindruck, als sei die zunehmende Zahl von Lehrstellenbewerbern eine drückende Last. Das Gegenteil ist richtig: Die Jugend ist unser größtes Kapital für eine gute Zukunft. Wahr ist: Die Zahl der Jugendlichen, die eine Lehrstelle suchen, wird bis zum Jahr 2005 noch weiter ansteigen. Wir alle stehen in der Verantwortung dafür, diesen jungen Männern und Frauen mit einer qualifizierten Ausbildung das Tor zur Zukunft zu öffnen. Wir erwarten von den Jugendlichen ganz selbstverständlich, daß sie gegenüber Staat und Gesellschaft ihre Pflicht tun, die jungen Männer zum Beispiel bei der Bundeswehr oder im Zivildienst. Umgekehrt ist die Gemeinschaft verpflichtet, ihnen die grundlegenden Voraussetzungen für einen guten Start ins Berufsleben zu geben.

Ich bin sehr daran interessiert, daß wir baldmöglichst eine Regelung erreichen, die besagt: Für die nächsten acht Jahre garantieren wir – auch auf die Ebene des Betriebs bezogen – eine Einstellung von Lehrlingen in der notwendigen Größenordnung. Ich glaube, daß eine Regelung dieser Art mit dem guten Willen aller Beteiligten erreichbar ist – natürlich unter der Bedingung, daß der Auszubildende dies will und die notwendigen Voraussetzungen erfüllt und daß mit der Bereitschaft zur Lehrlingsausbildung keine Übernahmegarantie in ein anschließendes Arbeitsverhältnis verbunden ist.

Zu den Pluspunkten des Standortes Deutschland zählt darüber hinaus eine ausgewogene Wirtschaftsstruktur mit einem leistungsfähigen Mittelstand. Nicht zuletzt ist unser Land weltweit ein Begriff für wirtschaftliche Stabilität und ein gutes soziales Klima. Dies ist auch das Verdienst einer vernünftigen Zusammenarbeit zwischen Arbeitgebern und Arbeitnehmern, zwischen Wirtschaft und Gewerkschaften in den vergangenen fast fünf Jahrzehnten des Bestehens der Bundesrepublik Deutschland.

Natürlich gibt es auch Auseinandersetzungen – dies ist ein ganz selbstverständlicher Bestandteil gelebter Tarifautonomie. Entscheidend ist die Bereitschaft, miteinander statt übereinander zu reden. Dazu gehört, sich darüber klarzuwerden, was dem Gegenüber zugemutet werden kann und wo dessen Grenzen liegen. Und dazu gehört der Wille zum Konsens. Ich bin wohlgemerkt kein Anhänger einer Einigung um jeden Preis; worauf es ankommt, ist, daß alle Seiten einen ernsthaften Versuch in diese Richtung unternehmen. Die Einigung auf eine Regelung zur Altersteilzeit in der Metallindustrie sowie der Tarifvertrag in der chemischen Industrie sind gute Beispiele dafür, daß dieser Weg letztlich erfolgreich ist.

Die deutsche Wirtschaft ist klar auf Wachstumskurs. Der Export boomt. Die Erfahrungen der Vergangenheit zeigen, daß die Ausfuhren die Inlandsnachfrage nach oben ziehen. Der Aufschwung wird auch den Arbeitsmarkt entlasten. Zwar geschieht dies nicht mehr so schnell wie früher. Aber natürlich gilt noch immer, daß Investitionen und Wachstum auf Dauer zu mehr Arbeitsplätzen führen. Dennoch müssen wir weiterhin alles tun, um die inakzeptabel hohe Arbeitslosigkeit nachhaltig zurückzuführen. Das Schaffen neuer Arbeitsplätze ist unverändert innenpolitische Aufgabe Nummer 1. Reformen für mehr Wachstum und Beschäftigung müssen Vorrang haben vor allem anderen. Ich bedaure es deshalb um so mehr, daß die Steuerreform in dieser Legislaturperiode keine Chance mehr hat. Und ich füge gleich hinzu: Ich werde in den kommenden elf Monaten alles dafür tun, daß die Wähler am Abend der Bundestagswahl ein Votum für diese Steuerreform abgeben. Ich habe mich strikt dagegen gewendet, daß unser Steuerreformkonzept, das von Steuerexperten im In- und Ausland einhellig positiv gewürdigt worden ist, bis zur Unkenntlichkeit verwässert wird. Es geht schlicht und einfach darum, unsere Steuersätze wieder auf ein international wettbewerbsfähiges Niveau zurückzuführen. Es kann uns doch nicht gleichgültig lassen, wenn Nachbarregionen in den Niederlanden oder in Österreich Investoren aus Deutschland abwerben mit dem Hinweis auf die viel niedrigeren Steuersätze in ihrem Land. Wir haben keine Wahl: Wir müssen Tatsachen schaffen, damit Investitionen in Deutschland sich wieder stärker lohnen.

Ein weiteres zentrales Thema ist die Reform der Alterssicherungssysteme. Wir müssen den Generationenvertrag der Rentenversicherung rechtzeitig auf den dramatischen Wandel unserer Bevölkerungsstruktur einstellen. Auch andere Industrieländer wie beispielsweise Japan stehen vor dieser Aufgabe. Die Entwicklung in Deutschland ist schon heute absehbar. Wir haben – nach Italien und Spanien – die niedrigste Geburtenrate in der Europäischen Union. Die Zahl der Single-Haushalte nimmt ständig zu, inzwischen leben bereits fünf Millionen Männer und Frauen im heiratsfähigen Alter allein. Zugleich können wir feststellen – und dies ist eine erfreuliche Entwicklung –, daß die Lebenserwartung der Menschen zunimmt. Männer erreichen heute im Durchschnitt ein Alter von 73 Jahren, bei Frauen sind es 79 Jahre.

Hinzu kommt, daß die Menschen immer früher in Rente gehen. Das Renteneintrittsalter beträgt derzeit im Durchschnitt 60 Jahre. Auf der anderen Seite verschiebt sich der Berufsstart immer stärker nach hinten, Hochschulabsolventen beginnen ihr Berufsleben vielfach erst im Alter von 30 Jahren. Fast 50 Jahre Ausbildung und Rente – aber nur 30 Jahre Erwerbstätigkeit: Diese Rechnung kann nicht auf Dauer aufgehen! Deshalb haben wir die Rentenreform und die Gesundheitsreform durchgesetzt.

Für mich ist klar: Wer angesichts der sich abzeichnenden demographischen Herausforderung und der zunehmenden Kosten auch in Zukunft ein leistungsfähiges Gesundheitssystem mit einem Zugang gerade auch älterer Menschen zu moderner Medizin erhalten will – und dies will ich –, der muß zwingend auch ein Stück mehr Selbstverantwortung in diesem Bereich akzeptieren. Dies gilt ebenso für unser System der Alterssicherung.

Mit einem Wort: Es geht nicht darum, unseren Sozialstaat abzubauen, sondern darum, ihn bezahlbar zu machen und damit für die Zukunft zu sichern. Wir geben in Deutschland ein Drittel unseres Bruttoinlandsprodukts, weit über 1000 Milliarden DM, für Sozialleistungen aus. Wir müssen Hilfen in Zukunft stärker auf wirklich Bedürftige konzentrieren. Dies ist unvermeidlich, um die rasant steigenden Sozialkosten einzudämmen, die Lohnzusatzkosten dauerhaft zu begrenzen und damit Impulse für neue Arbeitsplätze zu geben. Ich denke in diesem

Zusammenhang zum Beispiel an die Reform der Entgeltfortzahlung im Krankheitsfall. Die Politik mußte handeln, nachdem die Tarifpartner – und dies wäre der sehr viel klügere Weg gewesen – zu keiner Einigung gefunden hatten. Das Ergebnis kann sich sehenlassen: Unternehmen und Arbeitsplätze sind von Kosten deutlich entlastet worden. Der Krankenstand in der Wirtschaft ist auf den niedrigsten Stand seit 20 Jahren gesunken.

## Auf dem Weg nach Europa

Am Ende dieses Jahrhunderts können wir feststellen: Wir sind auf dem Weg nach Europa. Diesen schlichten Satz richte ich an die Adresse all derjenigen, die uns vorhalten, wir hätten keine Visionen mehr. Zu keinem Zeitpunkt in diesem Jahrhundert ist die Vision eines vereinten Europa greifbarer gewesen als heute. Die Jugendlichen haben die begründete Aussicht auf ein ganzes Leben in Frieden und Freiheit. Dies ist in der jüngeren deutschen Geschichte keiner Generation gewährt worden. Und wir haben die deutsche Einheit in Frieden und Freiheit und mit Zustimmung unserer Nachbarn und Partner in Europa und in der Welt erreicht. Konrad Adenauer hatte recht: Deutsche Einheit und europäische Einigung sind zwei Seiten derselben Medaille. Der Bau des Hauses Europa kommt voran – ungeachtet aller Schwierigkeiten, die wir auf diesem Weg zu bewältigen haben. Die Erweiterung der Europäischen Union wird kommen. Dies sind wir den Menschen zum Beispiel in Budapest und in Prag schuldig, denen gerade wir Deutschen mit Blick auf das Jahr 1989 viel verdanken. Europa ist kein Torso, die Ostsee ist ebenso ein europäisches Meer wie das Mittelmeer.

Ein zentraler Baustein für das Haus Europa ist die Vollendung der Wirtschafts- und Währungsunion. Natürlich ist für die Deutschen die Aufgabe der eigenen Währung kein einfaches Thema. Die D-Mark ist in Deutschland zu einem nationalen Symbol geworden, nachdem viele Deutsche in diesem Jahrhundert zweimal die Zerstörung ihrer Währung und den Verlust der gesamten Ersparnisse erlebt haben. Das Schicksal vieler ist geprägt von jenen 40 DM, die wir 1948 im Zuge der Währungsreform bekommen haben. Wir verbinden mit diesen 10-DM-Scheinen, die auch heute, nach fast 50 Jahren, noch gültiges und stabiles Geld sind, ein greifbares Stück Deutschland, das es noch vor Gründung der Bundesrepublik und noch vor Nationalflagge und Hymne gab. Das Verstehen dieser geschichtlichen Zusammenhänge ist der Schlüssel zum Verständnis dafür, daß wir Deutschen auf der Einhaltung der Stabilitätskriterien des Vertrages von Maastricht bestehen.

Wir bauen ein Haus Europa mit Wohnungen für alle Völker Europas, die darin leben wollen, und mit einem Dauerwohnrecht für unsere amerikanischen Freunde. Und wir arbeiten gemeinsam an einer Hausordnung, die uns darauf verpflichtet, gelegentliche Streitigkeiten und Auseinandersetzungen, die es immer geben wird, nicht mehr auf der Straße in kriegerischer Form, sondern in zivilisierter Art im Haus auszutragen. François Mitterrand hat uns in einer großen, geradezu testamentarischen Rede kurz vor dem Ende seiner Amtszeit zugerufen: Nationalismus, das ist der Krieg. Die Tagebücher gefallener Soldaten des Ersten Weltkriegs, die Berichte Romain Rollands über die Gedanken und Träume der besten Köpfe Europas in der Zwischenkriegszeit, aber auch in den Gefängnissen und Konzentrationslagern des nationalsozialistischen Terrorregimes – sie alle sind unser Auftrag für den Bau des europäischen Hauses. Es gibt dazu keine Alternative. Alles andere wäre ein Rückfall in die dunklen Kapitel unseres Jahrhunderts.

Ich bin sicher, daß wir Deutschen die Herausforderungen der Zukunft meistern werden. Die Hochwasserkatastrophe im Oderbruch in diesem Sommer hat gezeigt, daß in Ost- und Westdeutschland eine junge Generation heranwächst, die überhaupt nichts mit jener „Null-Bock"-Generation zu tun hat, die uns der Zeitgeist immer wieder einreden will. An den Deichen der Oder haben wir einen Gemeinschaftsgeist und einen Gemeinsinn erlebt, der zu den besten Errungenschaften in der Geschichte unseres Landes gehört. Viele meiner ausländischen Kollegen haben mich auf die Fernsehbilder aus Deutschland angesprochen, die jungen Rekruten der Bundeswehr und viele andere Helfer aus Ost und West beim unermüdlichen Einsatz gegen die Flut des Hochwassers gezeigt haben. Sie alle haben darin übereingestimmt, daß dies die richtigen Deutschen sind.

Für die große Mehrheit der jungen Menschen in unserem Land gehören Rechte und Pflichten ganz selbstverständlich zusammen. Sie setzen sich für etwas ein und sind bereit, dafür auch Opfer zu bringen. Dies ist eine großartige Botschaft der Zuversicht an der Schwelle zum 21. Jahrhundert. Der Titel eines jüngst erschienenen Buches stellt die Frage, ob Deutschland scheitert. Es ist modern geworden, so etwas zu verkünden. Dies wird – wie manches andere in unserem Land – hoch bezahlt. Ich kann nicht erkennen, daß unser Land scheitert. Scheitern werden die Kulturpessimisten. Wir haben es in der Hand, dafür zu sorgen. Dazu möchte ich Sie herzlich einladen.

Es ist kein gutes Rezept, die Veränderungen der Verhältnisse zu beklagen und liebgewonnene Gewohnheiten zu verteidigen. Ein Aufbruch zu neuen Ufern kann nur gelingen, wenn die wichtigsten Handlungsfelder identifiziert und die geeigneten Maßnahmen erkannt und umgesetzt werden.

Dr. Klaus Mangold, 1943 in Pforzheim geboren, studierte Jura und Volkswirtschaftslehre in München, Paris und London. Bei der Rhodia AG in Freiburg war er ab 1983 Vorstandsmitglied für Finanzen und Controlling, von 1985 bis 1991 Vorstandsvorsitzender. Danach bekleidete Dr. Klaus Mangold den Vorstandsvorsitz bei der Quelle-Schickedanz AG. Seit 1995 ist er Vorstandsmitglied der Daimler-Benz AG und Vorsitzender des Vorstandes der Daimler-Benz InterServices (debis) AG.

# Strategien und Handlungsfelder für das 21. Jahrhundert

*von Klaus Mangold*

Die Bedeutung von Dienstleistungen für die deutsche Wirtschaft ist offensichtlich: Dienstleistungen liefern den größten Beitrag zum Bruttoinlandsprodukt – mit wachsender Tendenz. Auch der beschäftigungspolitische Stellenwert von Dienstleistungen ist immens, denn nur im Dienstleistungssektor werden im Saldo neue Arbeitsplätze entstehen. Und es ist offensichtlich, daß Informations- und Kommunikationsdienstleistungen einen nachhaltigen Einfluß auf die Produktivitätsentwicklung und die internationale Wettbewerbsfähigkeit unseres Landes ausüben.

Dennoch werden in Deutschland – trotz vieler ermutigender Ansätze – noch längst nicht alle Potentiale genutzt, die uns die im Werden begriffene globale Dienstleistungsgesellschaft eröffnet. Denn die Entwicklung zur Dienstleistungsgesellschaft zieht einen tiefgreifenden Strukturwandel nach sich, der nicht nur die Arbeitswelt, sondern alle Lebensbereiche erfaßt und der somit neue Anforderungen an Wirtschaft, Politik und Gesellschaft stellt. Es stellt sich daher die Frage, wie wir die bislang noch ungenutzten Möglichkeiten ausschöpfen können. Wodurch lassen sich die Beschäftigungschancen im Dienstleistungssektor weiter verbessern? Welche Weichen müssen heute gestellt werden, damit in Deutschland mehr Dienstleistungsarbeitsplätze und international wettbewerbsfähige Dienstleistungen entstehen?

Die folgenden zwölf grundlegenden Thesen sollen darlegen, welches die aus Sicht der Daimler-Benz InterServices (debis) AG entscheidenden Handlungsfelder und welches die wichtigsten Maßnahmen sind, die für einen raschen und reibungslosen Übergang in die von Dienstleistungen geprägte Arbeitswelt des 21. Jahrhunderts eingeleitet werden müssen.

**1. *Die Dienstleistungsgesellschaft verlangt veränderte Formen der Arbeit.***

Es ist bereits heute absehbar, daß die Tätigkeiten, die im 21. Jahrhundert einen gewaltigen Bedeutungszuwachs erfahren werden, Informationsarbeiten aller Art sein werden. Dies heißt, daß Informations- und Wissensarbeit zur dominierenden Form der Erwerbsarbeit wird. Die Arbeitswelt, wie wir sie heute kennen, hat sich mit der Entwicklung zur Industriegesellschaft herausgebildet. Für die Dienstleistungsgesellschaft sind jedoch veränderte Formen der Arbeit notwendig. Das bedeutet:

- Arbeitszeit und Arbeitsort werden immer stärker von den Kundenbedürfnissen bestimmt.

- Flexibilität im Arbeitsleben wird zum obersten Gebot.

- Das Normalarbeitsverhältnis wird sich auflösen: Teilzeitarbeit, Telearbeit, befristete Arbeit, Leiharbeit sowie die Arbeit im virtuellen Büro werden die Arbeitslandschaft der Dienstleistungsgesellschaft von morgen prägen. An die Stelle fester Berufsbilder und Karriereverläufe werden zunehmend temporäre Aufgabenstellungen treten.

- Dienstleistungsarbeitsplätze ermöglichen ein hohes Maß an Eigenverantwortung, Selbstbestimmung und Kreativität.

Diesen Veränderungen müssen sowohl die Personalpolitik unserer Unternehmen als auch die Tarifpolitik Rechnung tragen.

Zwei Beispiele, welche die Tarifpolitik betreffen, sollen dies verdeutlichen: Erstens wird sich in Zukunft bei Dienstleistungstätigkeiten die Entlohnung weniger an der Arbeitszeit, sondern mehr an gemeinsam vereinbarten Leistungspaketen ausrichten. Dies finden wir bereits heute zum Beispiel bei der Einrichtung von Telearbeitsplätzen.

Zweitens gilt es zu berücksichtigen, daß nicht alle Menschen die steigenden Anforderungen bezüglich Qualifikation und Wissen erfüllen werden können, welche die wissensbasierte Dienstleistungsgesellschaft mit sich bringen wird. Einfachere Dienstleistungen werden aber nur dann nachgefragt werden, wenn ihr Preis eine dem Niveau der Tätigkeit angemessene Höhe hat.

Das Institut der deutschen Wirtschaft in Köln schätzt das bestehende Reservoir an einfachen und entsprechend geringfügiger entlohnten Beschäftigungsverhältnissen auf rund 4,7 Millionen Arbeitsplätze. Diese würden vor allem im Dienstleistungssektor entstehen, viele hiervon im Bereich der personenbezogenen Dienstleistungstätigkeiten.

Daher benötigen wir neue, zukunftsweisende Entlohnungssysteme, um die Beschäftigungschancen für gering qualifizierte Dienstleistungstätigkeiten nicht länger zu verbauen. Dazu ist die aktuelle Überlegung, einen „Kombilohn" einzuführen, ein erster richtiger Ansatz, den es weiterzuverfolgen gilt.

## 2. Der Weg zu mehr Wachstum und Beschäftigung in Deutschland führt nur über eine nachhaltige Beschleunigung des Strukturwandels.

Die gegenwärtigen Probleme der deutschen Wirtschaft sind in einem nicht geringen Maße auf den Übergangsprozeß von der Industrie- zur Dienstleistungsgesellschaft zurückzuführen. Allerdings wäre die Abbremsung dieses Tertiarisierungsprozesses die völlig falsche Antwort. Der Strukturwandel hin zu den Dienstleistungen muß im Gegenteil noch weiter vorangetrieben werden. Dazu sollte auch die Politik die geeigneten marktwirtschaftlichen Rahmenbedingungen schaffen, zum Beispiel durch:

- den Abbau der Hemmnisse beim Einsatz moderner Technologien,

- die Gewährleistung eines offenen Netzzugangs für netzwerkgebundene Branchen, was vor allem das wettbewerbsorientierte Zusammenspiel von neuen und etablierten Anbietern auf Telekommunikationsmärkten betrifft,

- die Durchsetzung von marktwirtschaftlichen Organisationsformen auf Dienstleistungsmärkten, insbesondere bei der öffentlichen Hand, sowie die Entwicklung neuer Kooperationsformen zwischen privaten und staatlichen Anbietern von Dienstleistungen (zum Beispiel in Form von Public-Private-Partnership).

Wir werden die Potentiale der Dienstleistungswirtschaft nicht ausschöpfen, wenn wir weiterhin faktisch „kartellierte" Dienstleistungsmärkte zulassen. Dazu sind auch Teile der Handwerkerordnung zu zählen sowie viele staatlich administrierte Dienstleistungen. Daher ist zu fordern, daß der Staat seine Rolle als Anbieter von Dienstleistungen weiter begrenzt. Dies erfordert weitere umfangreiche Privatisierungen und Deregulierungen. Mit anderen Worten: Der lange versprochene schlanke Staat muß endlich spürbar und sichtbar werden!

Ein weiteres Problem bei der effektiven wirtschaftspolitischen Förderung des Tertiarisierungsprozesses in Deutschland stellt die Zersplitterung der Verantwortlichkeiten für Dienstleistungen und ihre Verteilung auf zu viele Ministerien dar. Eine stärkere Bündelung der politischen und institutionellen Zuständigkeiten für die Dienstleistungswirtschaft in Deutschland ist daher anzuraten.

Erschwerend kommt hinzu, daß bei den Dienststellen der Europäischen Kommission bislang keine übergreifende Zuständigkeit für das Thema „Dienstleistung" existiert. Angesichts des Fortgangs der wirtschaftlichen und politischen Integration in der Europäischen Union, die durch die Europäische Währungsunion einen weiteren nachhaltigen Schub erfahren wird, ist dies ein Tatbestand, den es dringend zu ändern gilt.

*3. Dienstleistungen erfordern neue Ausbildungsfelder, eine andere berufliche Qualifizierung und eine Reform des Bildungswesens.*

Die Gesellschaft des 21. Jahrhunderts wird eine Wissens- und Informationsgesellschaft. Daher müssen wir bereits jetzt entsprechende Weichenstellungen im Bildungswesen vornehmen. Sonst droht der gesamte Bildungsbereich zu dem Engpaßfaktor einer erfolgreichen Strukturanpassung zu werden.

Was ist zu tun?

- Wir benötigen neue, zukunftsorientierte Lern- und Studienangebote an Schulen, Fachhochschulen und Universitäten.

- Auch der gesamte inner- und außerbetriebliche Weiterbildungsbereich ist angesprochen.

- Wenn wir von den Mitarbeitern in der Arbeitswelt des 21. Jahrhunderts die Bereitschaft zu lebenslangem Lernen einfordern, muß dies auch durch entsprechende Bildungsangebote ermöglicht werden. Nur so können wir das sicherstellen, was die Amerikaner „employability" nennen.

- Hinzu kommt, daß viele der herkömmlichen industrieorientierten Ausbildungsberufe nicht ausreichend für die Erfordernisse der Dienstleistungswirtschaft qualifizieren und nicht zukunftsorientiert sind. Jedes dritte Dienstleistungsunternehmen bemängelt das Fehlen passender Berufsbilder.

Auch bei der debis AG ist dies spürbar, wenn beispielsweise Arbeitsplätze für Telematik und Informatik zu besetzen sind und Schwierigkeiten bestehen, ausreichend qualifizierte Mitarbeiter zu finden. Mit der Schaffung von vier neuen Lehrberufen für die Informationswirtschaft zum 1. August 1997 ist ein Schritt in die richtige Richtung unternommen worden. Diese neuen Ausbildungsrichtungen sind:

- IT-Systemelektroniker/-in,

- Fachinformatiker/-in der Fachrichtungen Anwendungsentwicklung und Systemintegration,

- IT-Systemkaufleute,

- Informatikkaufleute.

Die debis AG zählt dabei bundesweit zu den ersten Unternehmen, die im neuen Berufsbild Fachinformatiker ausbilden. Aber diese Neudefinition von Lehrberufen kann nur der Anfang gewesen sein: Für die Dienstleistungsgesellschaft müssen weitere, insbesondere informationsorientierte Berufsbilder entstehen. Dabei ist jedoch zu bedenken: Ausbildungszeiten, die länger sind als die Halbwertzeit des später beruflich einsetzbaren Wissens, gehen am Markt vorbei.

Als Hemmschuh hat sich in der Vergangenheit die Verfahrensweise der Berufsneuordnungen dargestellt. Sie hat sich häufig als zu bürokratisch und unflexibel erwiesen. Hier besteht Reformbedarf, um schnell und variabel auf die sich rasant ändernde Arbeitswelt reagieren zu können. Wie überhaupt starre Berufszulassungsprinzipien nicht mit der Flexibilität von Dienstleistungen korrespondieren.

Im Ergebnis bleibt festzuhalten, daß Wissen ein wesentlicher Produktionsfaktor der Zukunft ist. In ihn muß ständig neu investiert werden. Qualifizierung und die Bereitschaft zu lebenslangem Lernen werden damit zu grundlegenden Anforderungen für die Arbeitswelt von morgen.

4. *Wir brauchen bessere Kenntnisse über die Entwicklungsprozesse im Dienstleistungssektor.*

Die deutsche Wirtschaftsstatistik orientiert sich in ihrer Systematik noch immer hauptsächlich am Agrar- und Industriesektor, obwohl der Anteil, den diese Wirtschaftsbereiche zur Entstehung des deutschen Sozialprodukts beitragen, immer weiter zurückgeht. Während beispielsweise das warenproduzierende Gewerbe bis zur kleinsten Branche untergliedert wird, werden die rasch expandierenden und recht heterogen zusammengesetzten unternehmensnahen Dienstleister nur wie eine statistische Restgröße unter dem Sammelbegriff „Sonstige Dienstleistungsunternehmen" betrachtet.

Dabei ist dies zur Zeit der mit Abstand dynamischste Wirtschaftssektor in Deutschland: Von 1991 bis 1996 entstanden hier mehr als 1,3 Millionen Arbeitsplätze – so viel wie in keinem anderen Sektor in Deutschland. Unser Wissen über die wirtschaftlichen Aktivitäten in diesem Bereich steht faktisch im umgekehrten Verhältnis zur gegenwärtigen Bedeutung der Sonstigen Dienstleistungen für die deutsche Volkswirtschaft. Dies ist kein Ruhmesblatt für die deutsche Statistik – und die Wirtschaftspolitik.

Denn als Basis einer adäquaten Wirtschaftspolitik, die den Strukturwandel hin zu den Dienstleistungen unterstützt, sind geeignete Daten unerläßlich. Es ist folglich notwendig, für Deutschland und die Europäische Union eine solide Dienstleistungsstatistik aufzubauen, die dem gewachsenen Stellenwert von Dienstleistungen im Wirtschaftsgeschehen entspricht. Der Aufbau dieser Dienstleistungsstatistik, die detailliert genug sein muß, um die Vielfalt der mittlerweile relevant gewordenen Wirtschaftszweige abzubilden, muß sowohl institutionell als auch finanziell gewährleistet werden. Dabei wäre schon ein Fortschritt erzielt, wenn in einem ersten Schritt in Deutschland die EU-Systematik zur Vereinheitlichung der amtlichen Statistik umgesetzt würde.

Doch nicht nur die genauere Erfassung von ökonomischen Daten aus dem Dienstleistungssektor ist notwendig. Auch von der wissenschaftlichen Analyse der Dienstleistungswirtschaft können wichtige, zukunftsgerichtete Impulse ausgehen. Es gilt deshalb, vermehrt wissenschaftliche Arbeiten zu unterstützen, die sich mit der Erforschung der Dienstleistungsgesellschaft befassen.

5. *Zwischen Dienstleistungs- und Industriesektor darf kein Konkurrenzverhältnis aufgebaut werden. Beide bedingen sich wechselseitig.*

Nicht nur Dienstleistungsbranchen und -unternehmen per se nehmen an Zahl und Bedeutung zu. Immer deutlicher zeigt die unternehmerische Praxis, daß auch Industriegüter ohne Serviceanteil in Zukunft nicht mehr wettbewerbsfähig sein werden. Denn die Kunden verlangen zunehmend nicht nur hochwertige Produkte, sondern ebenso ihren Bedürfnissen entsprechende, maßgeschneiderte Problemlösungen. Erfolg wird langfristig nur derjenige Anbieter haben, dem es gelingt, sich vom Wettbewerber mit Dienstleistungen rund um sein Produkt zu differenzieren. „Vorsprung durch Service" wird daher das Wettbewerbsmotto in der Dienstleistungsgesellschaft von morgen lauten. Der Dienstleistungsgedanke wird jede Branche durchdringen und in Verbindung mit jeder gewerblichen Ware präsent sein.

Dazu gehört auch, daß die Produktgestaltung zukünftig von vornherein unter Dienstleistungsaspekten vorgenommen werden muß. Das heißt, nicht das technisch Machbare allein darf das Produkt bestimmen, sondern der Kundennutzen und die Bedienerfreundlichkeit müssen zu Leitbildern der Produktkonzeption werden.

Der Einzug einer Dienstleistungsmentalität in die Industrie, die sogenannte Tertiarisierung der Sachgüterproduktion, ist nicht mehr aufzuhalten. Auf der anderen Seite darf aber nicht aus dem Blickfeld geraten, daß hochwertige Dienstleistungen umgekehrt auch auf einen leistungsfähigen und innovativen industriellen Kern angewiesen sind. Dienstleistungen begleiten in vielen Fällen erfolgreiche Industrieprodukte beziehungsweise sind ihnen vor- oder nachgelagert. Solche Dienstleistungen sind unverzichtbare Komplementärgüter. Aber im Mittelpunkt der Nachfrage bleibt das hochwertige industrielle Gut. Daher darf die Entwicklung des Dienstleistungssektors keinesfalls auf Kosten einer zukunftsorientierten und international wettbewerbsfähigen Industriestruktur gehen.

Dies zeigt sich insbesondere bei Betrachtung der internationalen Dimension. Die Tatsache, daß Deutschland weltweit pro Kopf die meisten Exporte absetzt, ist überwiegend auf den Erfolg zurückzuführen, den deutsche Industrieprodukte auf den Weltmärkten haben. Dazu trägt das in der heimischen Wirtschaft erzielte Betreiber-Know-how wesentlich bei. Die deutsche Volkswirtschaft hätte mit dem ausschließlichen Export von Blaupausen keine Überlebenschance auf dem Weltmarkt.

Im Zusammenhang von Industrie- und Dienstleistungsproduktion ist auf eine Entwicklung besonders hinzuweisen: Der Eindruck, es gäbe eine dramatische Deindustrialisierung der deutschen Volkswirtschaft, täuscht nämlich. Untersuchungen zeigen, daß vormals bereits in der Industrie erbrachte Dienstleistungen aus Industrieunternehmen ausgegliedert und anschließend von den so neu entstandenen Dienstleistungsunternehmen „zurückgekauft" werden.

Diese Art der Verflechtung von Industrie und produktionsnahen Dienstleistern hat in den letzten Jahren deutlich zugenommen. Im Saldo bezog die deutsche Industrie von Dienstleistungsunternehmen rund 200 Milliarden DM an Vorleistungen. Diese unternehmensnahen Dienstleistungsunternehmen sind somit für die Industrie der mit Abstand wichtigste Vorleistungssektor.

Durch dieses Outsourcing von Dienstleistungsfunktionen ist mittlerweile ein tiefgehender Vorleistungsverbund von Industrie- und Dienstleistungsunternehmen entstanden. Analysen zeigen, daß deren gemeinsamer Wertschöpfungsanteil seit zwanzig Jahren annähernd konstant bei rund 36 Prozent liegt. Mit anderen Worten: Geändert hat sich die Struktur, in die sich die Industrie und die sie unterstützenden unternehmensnahen Dienstleistungsunternehmen aufteilen, nicht jedoch die wechselseitige Bedeutung und Verflechtung dieser beiden Wirtschaftsaktivitäten.

Welche Ursachen sind für die Strukturverschiebung, die durch die Ausgliederung von Dienstleistungsfunktionen aus Industriebetrieben hervorgerufen wird, verantwortlich? Die Erfahrung hat gezeigt, daß Outsourcing Spezialisierungs- und Flexibilisierungsvorteile bietet, die kostensenkende Effekte haben und damit die Konkurrenzfähigkeit erhöhen. Dies trifft in besonderem Maße für die Informations- und Kommunikationsdienste zu. Sie machen die Produktion flexibler, kostengünstiger und standortunabhängiger und sorgen so für eine optimale Kapazitätsausnutzung. Außerdem hilft Outsourcing den Unternehmen, sich auf ihre Kernkompetenzen zu konzentrieren und damit ihre Wettbewerbsvorteile voll auszuspielen.

Der Prozeß des Outsourcing beziehungsweise Contractingout steht in Deutschland noch vergleichsweise am Anfang. Andere Länder – vor allem die USA – sind hier bereits erheblich weiter vorangeschritten. Deutschland hat also im Vergleich zu anderen Ländern auf diesem Feld noch Nachholbedarf – und damit Chancen, die hier bestehenden Kosten- und Flexibilisierungspotentiale zu erschließen. Der vergleichsweise hohe Anteil von Dienstleistungen, die in Deutschland noch innerhalb von Industrieunternehmen erbracht werden, ist im übrigen auch dafür mitverantwortlich, daß der statistisch erfaßte Dienstleistungsanteil an der sektoralen Bruttowertschöpfung in der deutschen Volkswirtschaft im internationalen Vergleich relativ gering ausfällt.

6. *Im Zuge der Globalisierung muß ein „Ausflaggen" weiterer Dienstleistungen aus Deutschland verhindert werden.*

Bis vor nicht allzu langer Zeit war die Auffassung weit verbreitet, daß Dienstleistungen nicht international handelbar, daß sie „non-tradables" seien.

Die rasche Ausbreitung moderner Dienstleistungen, für die insbesondere die neuen Informations- und Kommunikationstechnologien gesorgt haben, hat zu einer neuen Dimension des internationalen Handels und der Globalisierung geführt und damit diese Auffassung widerlegt. Denn die modernen Informations- und Kommunikationstechnologien machen immer mehr Dienstleistungen nicht nur speicherbar, sondern auch raum- und zeitunabhängig und damit die Verlagerung ihrer Produktion in kostengünstigere Länder möglich.

Der dadurch hervorgerufene Impuls für die Ausweitung des weltweiten Handels mit Dienstleistungen ist beträchtlich. In den letzten zehn Jahren lag die jährliche Wachstumsrate des internationalen Dienstleistungshandels im Durchschnitt um zwei Prozentpunkte über der Wachstumsrate des internationalen Warenhandels, der jährlich durchschnittlich um rund zehn Prozent wuchs. Der Anteil des internationalen Dienstleistungshandels macht heute bereits rund 20 Prozent des gesamten Welthandels aus. Dieser Anteil wird sich auch in Zukunft noch weiter erhöhen.

Es ist in diesem Zusammenhang eine bedenklich stimmende Entwicklung, daß Deutschland seit 1988 auch bei Ausklammerung des Reiseverkehrs (hier bestand 1996 ein Defizit von 50 Milliarden DM) und der nicht-marktbestimmten Regierungsleistungen mehr Dienstleistungen importiert als exportiert. Nach dieser Rechnung betrug der Negativsaldo in 1996 hier immerhin fast neun Milliarden DM.

Der Dienstleistungsimport ist insbesondere bei den modernen und zukunftsorientierten expandierenden Dienstleistungen wie Forschung und Entwicklung, EDV-Leistungen sowie Patente und Lizenzen problematisch. Deutschland, das „Land der Ingenieure", importierte 1996 im Wert von fast 800 Millionen DM mehr Ingenieur- und sonstige technische Dienstleistungen aus dem Ausland, als es dorthin exportierte.

Das sollte uns zu denken geben. Denn Deutschland ist ein exporforientiertes Land. Ein Viertel unseres Sozialproduktes erwirtschaften wir im Ausland. Die deutsche Wirtschaft muß daher nicht nur beim Warenexport, sondern auch beim zunehmend wichtiger werdenden Dienstleistungsexport eine Spitzenstellung auf den Weltmärkten einnehmen. Davon sind wir in vielen Bereichen weit entfernt. Wenn wir hier nicht gegensteuern, werden uns andere Länder beim Aufbau neuer Dienstleistungsbereiche zuvorkommen. Fast alle modernen Dienstleistungen könnten Gegenstand weltweiten Handels sein. Trotz zahlreicher Fortschritte der Handelsliberalisierung existieren aber immer noch tarifäre und nicht-tarifäre Beschränkungen des weltweiten Handels – auch mit Dienstleistungen. Deshalb sind noch bestehende Barrieren des Welthandels im Rahmen der WTO zügig zu beseitigen.

7. *Die Chancen, welche die zunehmende Verflechtung der Weltwirtschaft dem Dienstleistungssektor bietet, sollten proaktiv genutzt werden.*

Nicht nur der Handel, sondern auch die Direktinvestitionen spiegeln die zunehmende Bedeutung von Dienstleistungen für die internationalen Wirtschaftsbeziehungen wider. Die mittelbaren und unmittelbaren Direktinvestitionsbestände deutscher Unternehmen sind in den letzten Jahren um mehr als 150 Prozent auf rund 360 Milliarden DM geradezu sprunghaft angestiegen. Dazu haben Unternehmen aus Dienstleistungsbranchen wesentlich beigetragen. Vor allem Holdings (ca. 100 Milliarden DM) und der Bereich Banken und Versicherungen (ca. 40 Milliarden DM) haben ihre Auslandsbestände deutlich erhöht.

Der Dienstleistungssektor ist mittlerweile der wichtigste Empfänger- und Herkunftssektor von Direktinvestitionen. So befinden sich heute mehr als 60 Prozent des Auslandskapitals der deutschen Wirtschaft in ausländischen Dienstleistungssektoren. Dienstleistungen sind Voraussetzung für Markterschließung und Marktpflege der Exportwirtschaft.

Denn Industrialisierungsprojekte ohne begleitende Dienstleistungen vor Ort sind nicht mehr erfolgversprechend. Kein Exporteur kann es sich heute noch leisten, nach dem „Versenden-und-Vergessen-Prinzip" zu wirtschaften. Dienstleistungen sind im Verbund mit den modernen Informations- und Kommunikationstechnologien daher ein integraler Bestandteil der Globalisierung. Beide wirken als wechselseitige Treiber und sorgen so für die weitere internationale Vernetzung der Weltwirtschaft.

Die zahlreichen Möglichkeiten, die sich den Dienstleistungsunternehmen aus der wachsenden Verflechtung der Weltwirtschaft bieten, sollten diese wahrnehmen, ohne zu zögern. Nur so lassen sich neue Optionen für Wachstum und Beschäftigung auch im Inland erschließen.

8. *Die deutsche Forschungs- und Technologiepolitik muß sich verstärkt dem Dienstleistungssektor zuwenden.*

Neuere Forschungen kommen zu dem Ergebnis, daß Dienstleistungsunternehmen die hauptsächlichen Anwender von technologischen Neuerungen sind. In Deutschland entfallen jedoch nur zehn Prozent der staatlichen Forschungsaufwendungen für die Wirtschaft auf den Servicebereich, in den USA sind es dagegen mehr als 25 Prozent.

Da Innovationen der Schlüssel für eine zukunftsfähige Volkswirtschaft sind, sollte sich die Forschungsförderung verstärkt den Innovationen im Dienstleistungsbereich zuwenden.

Die deutsche Wirtschaft entwickelt in vielen Bereichen hochwertige neue und innovative Verfahren. Es mangelt jedoch häufig an der Umsetzung von Innovationen in marktfähige Produkte. Daher muß die Forschungs- und Technologiepolitik nicht nur den Entstehungsprozeß, sondern verstärkt auch den Anwendungs- und Verbreitungsprozeß neuer Technologien im Dienstleistungssektor fördern.

Aufgrund der weitreichenden Bedeutung des Dienstleistungssektors für Wirtschaft und Gesellschaft sollten die verschiedenen Aspekte der Dienstleistungsgesellschaft verstärkt in den Mittelpunkt der wissenschaftlichen Forschung rücken. Entsprechende Vorhaben sind vom Forschungsministerium und anderen Institutionen zu unterstützen. Die Initiative des Bundesministeriums für Bildung, Wissenschaft, Forschung und Technologie „Dienstleistungen für das 21. Jahrhundert" leistet für diese Aufgabe bereits einen wichtigen Beitrag. Sie widmet sich der Mobilisierung und Stärkung der Innovations- und Zukunftspotentiale des Dienstleistungsstandorts Deutschland.

Mit dem in dieser Initiative angelegten Projekt „Dienstleistung 2000plus" wurden die Erkenntnisse und Visionen von etwa 300 nationalen und internationalen Experten aus Wirtschaft, Wissenschaft und Politik gebündelt, um den Handlungs- und Forschungsbedarf im Bereich der Dienstleistungen des 21. Jahrhunderts zu untersuchen. Hieraus wurden konkrete Empfehlungen für Handlungs- und Forschungsfelder abgeleitet.

Die als besonders dringlich identifizierten Maßnahmen wurden von den Experten als sogenannte prioritäre Erstmaßnahmen (PEM) eingestuft. Mit der Durchführung dieser PEM sollen Innovationsbarrieren auf dem Weg in die Informations- und Dienstleistungsgesellschaft rasch beseitigt und positive Entwicklungstrends aufgegriffen werden. Die im Rahmen des Projekts „Dienstleistung 2000plus" identifizierten prioritären Erstmaßnahmen sind von den angesprochenen Institutionen (Politik, Unternehmen, Tarifpartner, Wissenschaft etc.) aufzugreifen und durchzuführen.

Darüber hinaus wurden alle in den einzelnen Forschungsprojekten erarbeiteten Handlungsempfehlungen gebündelt, systematisiert und einzelnen Handlungsfeldern zugeordnet. Diese Aufstellung soll dem Bundesbildungsminister vom Projektbeirat mit der Aufforderung übergeben werden, die hierin gesammelten Maßnahmen umzusetzen beziehungsweise ihre Durchführung zu initiieren. Sie ist im Anhang dieses Buches dokumentiert.

9. *Die bislang nicht ausgeschöpften Potentiale bei den personenbezogenen Dienstleistungen verlangen nach einer neuen Dienstleistungskultur.*

Während sich die unternehmensbezogenen Dienstleistungen durch eine nachhaltige Dynamik auszeichnen, sind die personenbezogenen Dienstleistungen in Deutschland noch ganz am Anfang. Das liegt zum einen daran, daß es uns Deutschen gelegentlich Probleme bereitet, uns bedienen zu lassen.

Zum anderen haben viele Dienstleistungstätigkeiten offenbar ein schlechteres Image als industrielle Tätigkeiten. Bundespräsident Roman Herzog stellte auf dem ersten debis Dienstleistungskongreß 1996 in Berlin treffend fest: „Wir sind schon ein merkwürdiges Volk, wenn wir mit Freude Maschinen bedienen, aber jedes Lächeln gefriert, wenn es sich um die Bedienung von Menschen handelt."

Die ungenutzten Potentiale bei den personenbezogenen Dienstleistungen führen dazu, daß zahlreiche Beschäftigungsmöglichkeiten, die in diesem Bereich gerade auch für weniger qualifizierte Arbeitskräfte bestehen, immer noch brachliegen. Bei entsprechenden Bedingungen, das heißt vor allem bei einer der Tätigkeit angemessenen Verpreisung, wird die Nachfrage nach diesen einfachen personenbezogenen Dienstleistungen auf mehrere Millionen Stellen geschätzt.

Welche Schritte sind zur Förderung der personenbezogenen Dienstleistungen einzuleiten?

- Wir müssen uns zu einer kunden- und leistungsorientierten Dienstleistungskultur bekennen. Die Entwicklung der Dienstleistungsgesellschaft erfordert daher einen Mentalitätswandel in Deutschland. Das gilt gleichermaßen auf Seiten der Anbieter und der Nachfrager von Dienstleistungen.

- Notwendig sind Reformen der Steuer- und Sozialversicherungssysteme, welche die Bürger auf breiter Basis entlasten. Denn die Nachfrage nach personenbezogenen Dienstleistungen speist sich überwiegend aus dem versteuerten Nettoeinkommen.

*10. Um einen Gründerboom bei Dienstleistern auszulösen, brauchen wir neue Wege in die Selbständigkeit und funktionsfähige Venture-Capital-Märkte.*

Wir haben in Deutschland im Vergleich zu unseren europäischen Nachbarländern ein Selbständigendefizit. Dies gilt auch dann, wenn man nur die Selbständigen außerhalb der Landwirtschaft betrachtet. Zur Erreichung eines höheren Beschäftigungsstandes benötigen wir neue Wege in die Selbständigkeit, denn die meisten selbständigen Unternehmer schaffen, wenn sie erfolgreich Fuß gefaßt haben, weitere neue Stellen.

Auffällig ist, welche große Zahl von Existenzgründern heute Dienstleister sind. Um diesen Trend zu verstärken, sind die vermehrte Bereitstellung von Risikokapital, die Lockerung der Zulassungsvoraussetzungen für Dienstleister sowie verbesserte steuerliche Rahmenbedingungen erforderlich.

Als Hindernis bei der Kreditvergabe an Existenzgründer im Dienstleistungssektor hat sich die Tatsache erwiesen, daß bei der Gründung wissensintensiver Dienstleistungen vorrangig in Humankapital investiert wird. Somit fehlen häufig Sicherheiten bei der Kreditvergabe. Daher sind geeignete Kreditvergabemechanismen für junge und innovative Dienstleistungsunternehmen zu entwickeln.

Hierzu gehört auch der weitere Ausbau funktionsfähiger Risikokapitalmärkte. Steuerliche Abschreibungsmodelle sind in Deutschland primär für Immobilien konstruiert worden, während Abschreibungen für Investitionen in Risikomärkte nach wie vor unterentwickelt sind. Beispielsweise gilt es in diesem Zusammenhang, geeignete Exit-Lösungen für Risikoinvestment aufzubauen. Von entscheidender Bedeutung für den erfolgreichen Start einer neuen Existenz ist die begleitende Beratung von Gründerunternehmen, zum Beispiel durch den Aufbau eines Netzwerks. Dies bedeutet unter anderem, daß von kompetenten Stellen Hilfe bei der Aufstellung von Geschäfts- und Finanzierungsplänen geleistet wird.

Weiterhin ist der Abbau von staatlichen und berufsständischen Regulierungen geboten, die zahlreichen Neugründungen bislang im Wege stehen. Viele dieser traditionell gewachsenen Vorschriften sind nur noch historisch erklärbar und passen nicht mehr in unsere Zeit. Sie gehören auf den Prüfstand und sollten abgebaut werden, wenn sie der Flexibilität von Dienstleistungen und der Schaffung neuer Arbeitsplätze im Wege stehen. Und darüber hinaus gilt: Ohne die Zurückschneidung des bürokratischen Wildwuchses, der Eigeninitiative behindert, wird der Aufbau zahlreicher selbständiger Existenzen unnötig behindert beziehungsweise unmöglich gemacht.

Neben dem Ziel, einen Gründerboom bei selbständigen Dienstleistern und in anderen Branchen auszulösen, darf nicht übersehen werden, daß viele kleine und mittelständische Betriebe vor einer akuten Nachfolgeregelung stehen, die die Überlebensfähigkeit ihres Betriebes in Frage stellen kann.

Bis zum Jahr 2000 werden schätzungsweise 300 000, in den nächsten zehn Jahren rund 700 000 Übertragungsfälle von Betrieben der Gründergeneration eintreten. Die Rahmenbedingungen für eine reibungslose Übertragung von Betrieben müssen vom Gesetzgeber gewährleistet werden, um die Selbständigenkultur zu erhalten und bestehende Arbeitsplätze nicht in Gefahr zu bringen.

*11. Das Prinzip „Sustainable Development" erfordert die verstärkte Anwendung von Dienstleistungen.*

Die meisten Rohstoffe, mit denen wir heute produzieren, sind nicht unbegrenzt vorhanden. Ziel verantwortungsbewußten Wirtschaftens muß es sein, mit den knappen Ressourcen der Natur möglichst schonend umzugehen. Das Prinzip des nachhaltigen Wirtschaftens (Sustainable Development) beruht darauf, daß nicht mehr aus dem natürlichen Kreislauf entnommen wird, als die Natur in der Lage ist, selbst wieder herzustellen.

Dienstleistungen tragen in hohem Maße zum Sustainable Development bei. Dies ergibt sich zum einen durch ihre ökonomische Leistungsfähigkeit. Wesentliches Element dabei sind die modernen Informations- und Kommunikationsdienstleistungen. Sie ermöglichen es der materiellen Produktion,

Raum, Zeit, Energie und Ressourcen zu sparen. Sie helfen damit, vorhandene Kapazitäten und knappe Ressourcen effektiv zu nutzen. Dienstleistungen haben sich zudem zu einem Wachstumsmotor entwickelt, sie bieten vielfältige Ansätze für Innovationen und geben wertvolle Impulse zur Globalisierung. Die Entwicklung zu einer nachhaltigen Dienstleistungsgesellschaft schafft damit Lösungsbeiträge für die Zukunftsfähigkeit von Staat und Gesellschaft.

Zum anderen können Dienstleistungsunternehmen ihr Bekenntnis zur gesellschaftlichen Verantwortung einlösen, indem sie neue Arbeitsplätze schaffen und gesellschaftliche Werte wie Selbstbestimmung, Kreativität, Internationalität, Wissen und Bildung hervorrufen und verbreiten. Sie tragen auf diese Weise auch zum „stakeholder value" bei. Sustainable Development ist damit ein wertvolles Leitbild für die Zieltriade Umweltschutz, gesellschaftliche Werte und wirtschaftliche Entwicklung.

*12. Wenn wir fit für die Zukunft werden wollen, müssen wir uns stärker an der Entwicklung in den USA orientieren.*

Der Blick in die Vereinigten Staaten von Amerika offenbart, daß die USA den Übergang in die Dienstleistungsgesellschaft schneller und besser vollzogen haben als wir in Deutschland. Bei der Bewältigung dieses Strukturwandels hat der flexible Arbeitsmarkt der amerikanischen Wirtschaft besonders geholfen. Nicht nur die Wertschöpfung des Dienstleistungssektors ist heute größer, auch der Anteil der serviceorientierten Berufe ist in den USA nach wie vor höher als in Deutschland und den meisten europäischen Ländern.

Das anhaltende Wachstum der Dienstleistungen schlägt sich vor allem in zahlreichen neuen Jobs nieder. So hat sich in den

USA die Zahl der Arbeitsplätze im Dienstleistungssektor von 1970 bis 1995 fast verdoppelt; in Westdeutschland sind im gleichen Zeitraum in diesem Wirtschaftssektor dagegen nur 55 Prozent hinzugekommen.

Der amerikanische Arbeitsmarkt expandiert gegenwärtig mit großer Geschwindigkeit. Täglich entstehen in den USA mehr als 6000 neue Arbeitsplätze im Dienstleistungsbereich. Prognosen zufolge werden bis zum Jahr 2005 bei amerikanischen Dienstleistungsunternehmen weitere 20 Millionen neue Stellen entstehen.

Entgegen anders lautender Behauptungen werden auf den meisten der neuen Dienstleistungsarbeitsplätze in den USA keineswegs Niedrigstlöhne bezahlt. Die Mehrzahl dieser neuen Tätigkeiten sind vielmehr in modernen und zukunftsweisenden Dienstleistungszweigen entstanden, werden überdurchschnittlich entlohnt und sind außerdem zumeist Vollzeitstellen. Viele Frauen besetzen die neuen Arbeitsplätze. Das Beispiel USA zeigt damit auch, daß die Dienstleistungsgesellschaft das Potential zur weitgehenden Arbeitsmarktintegration von Frauen bietet.

Amerikanische Dienstleistungsunternehmen sind in vielen Bereichen Weltmarktführer. So zum Beispiel bei Softwareentwicklung, -anwendung und Telekommunikation, im Marketing und Investmentbanking, im Consulting und Asset Management, bei Transportservices und Fast-Food-Restaurants sowie in der Film- und Fernsehproduktion.

Der Vorsprung, den die USA im Wandel zur Dienstleistungsgesellschaft und bei der Entwicklung von modernen innovativen Diensten haben, schlägt sich insbesondere in ihrer führenden Stellung im internationalen Dienstleistungshandel nieder. Während Deutschland Nettoimporteur von Dienstleistungen ist, weist die Handelsstatistik die amerikanische Volkswirtschaft mit einem Wert von 300 Milliarden DM als Exportweltmeister bei Dienstleistungen aus (zum Vergleich: Deutschland 123 Milliarden DM; jeweils 1995). Eine Zahl dokumentiert die Leistungsfähigkeit der US-Wirtschaft im Dienstebereich besonders eindrucksvoll: Die amerikanischen Unternehmen exportierten mit 37 Milliarden DM 1994 doppelt so viele Patente und Lizenzen in die Welt wie alle Länder der Europäischen Union zusammen.

Dieser Erfolg läßt sich unter anderem aus der Tatsache ableiten, daß die USA bei der Entwicklung technologisch hochwertiger Produkte auf Basis der neuen Informations- und Kommunikationstechnologien führend sind. Die Anwendungsbereitschaft der Wirtschaft für solche Produkte ist hoch. Die amerikanischen Firmen geben beispielsweise pro Kopf doppelt so viel für Software aus wie die deutschen Unternehmen. Dies zeigt den Abstand, aber auch das Entwicklungspotential, das wir in Deutschland auf diesem Feld noch haben.

So positiv die USA beim Entwicklungsstand der Dienstleistungsgesellschaft und insbesondere bei der Schaffung neuer Arbeitsplätze zu beurteilen sind, so sehr ist doch zu bedenken, daß der amerikanische Weg nicht auf allen Ebenen auf Deutschland und Europa übertragbar ist. Dazu zählt, daß die Herausbildung einer Schicht von „working poor", also Beschäftigten, die trotz eines Jobs keine Familie ernähren können, in Deutschland vermieden werden muß.

Aber von den Vereinigten Staaten können wir zweifelsohne lernen, wie tief verwurzelt der Servicegedanke im gesamten

Wirtschaftsprozeß sein muß, um den Weg in die Dienstleistungsgesellschaft erfolgreich zu beschreiten.

## Die Chancen nutzen!

Außer Frage steht, daß sich die Arbeitswelt im Wandel zur globalen Dienstleistungsgesellschaft verändern wird. Ohne Flexibilität im Arbeitsleben wird wettbewerbsfähiges Wirtschaften nicht mehr möglich sein.

Der Weg in die vernetzte Dienstleistungsgesellschaft des 21. Jahrhunderts muß uns gelingen! Denn unsere Perspektive kann nur die vernetzte und globale Dienstleistungsgesellschaft sein. Wir müssen daher alle Chancen nutzen, welche die Informations- und Kommunikationstechnologien uns bieten, um den Weg in die wissensbasierte Gesellschaft von morgen erfolgreich zu gestalten!

Es ist kein gutes Rezept, die Veränderungen der Verhältnisse zu beklagen und liebgewonnene Gewohnheiten zu verteidigen. Ein Aufbruch zu neuen Ufern kann nur gelingen, wenn die wichtigsten Handlungsfelder identifiziert und die geeigneten Maßnahmen erkannt und umgesetzt werden.

Deregulierung, Globalisierung und Flexibilisierung sind dabei die wichtigsten Bestimmungsparameter für eine dynamische Gesellschaft. Sie bieten unserem Land Chancen und sind kein Alibi für Larmoyanz.

# 2. Kapitel

# Wege

*Die modernen Informations- und Kommunikationstechnologien machen Dienstleistungen raum- und zeitunabhängig und erweisen sich als entscheidender Impuls für die Ausweitung des internationalen Dienstleistungshandels. Im Wandel zur globalen Dienstleistungsgesellschaft wird sich die Arbeitswelt entscheidend verändern. Flexibilität im Arbeitsleben wird zum obersten Gebot. Wie gelingt der Gang in die vernetzte Dienstleistungsgesellschaft des 21. Jahrhunderts? Lassen sich die Entwicklungen in den USA auf die Bundesrepublik Deutschland übertragen?*

Der derzeitigen Debatte über die Globalisierung haftet eine künstliche, fast surreale Note an: die Sehnsucht nach einer unwiederbringlichen Vergangenheit und die starrsinnige Weigerung, sich einer Zukunft zu öffnen, die so vielen Menschen Aussicht auf ein besseres Leben bietet.

Dr. Renato Ruggiero wurde 1930 in Neapel geboren. Nach dem Jurastudium und anschließender Promotion trat er in den diplomatischen Dienst von Italien ein. 1980 wurde er zum Botschafter und ständigen Vertreter Italiens bei der EG ernannt. 1985 wechselte Dr. Renato Ruggiero als Generalsekretär in das Außenministerium Italiens und avancierte 1987 zum Minister für Außenhandel. 1991 wurde er Aufsichtsratsmitglied des FIAT-Konzerns. Seit 1995 ist er Generaldirektor der World Trade Organization.

# Dienstleistungen in einer Wirtschaft ohne Grenzen

*von Renato Ruggiero*

## Vernetzung der Weltwirtschaft

Es ist aufregend, in dieser Stadt zu sein. In Berlin vollzieht sich der Prozeß eines historischen Wandels, der die Stadt zum politischen und kulturellen Zentrum des wiedervereinigten Deutschlands in einem geeinten Europa macht. Die Silhouette der Stadt wird von Gerüsten und Kränen beherrscht, die physischer Ausdruck für die Geburt einer neuen Hauptstadt und eines neuen Jahrhunderts sind. Dies sind eine aufregende Stadt und eine aufregende Zeit.

Dieser Wandel Deutschlands vollzieht sich natürlich vor dem Hintergrund eines sehr viel tiefergreifenden Wandels der Weltwirtschaft. Ich möchte in meinem Beitrag darstellen, wie dieser wirtschaftliche Wandel durch den zunehmend grenzüberschreitenden Strom von Dienstleistungen und das Wissen, die Informationen und die Ideen, die in diesen Dienstleistungen enthalten sind, vorangetrieben wird, wie der technische Fortschritt diese grenzenlose Wirtschaft möglich, ja sogar unvermeidlich macht und wie neue internationale Wirtschaftsorganisationen, die ebenso wie die Welthandelsorganisation (WTO) auf Regeln basieren, zentrale Bedeutung in einer Welt erlangen, in der Wirtschaftssysteme, Kulturen und Völker mehr als je zuvor miteinander verflochten und voneinander abhängig sind.

Wir erleben heute, wie sich die von Marshall McLuhan in den sechziger Jahren getroffene Prognose, nämlich daß „die Welt im Zeitalter der Elektronik ein globales Dorf sein wird", bewahrheitet. Tausende von Meilen von Glasfaserkabeln verbinden heute Ozeane und Kontinente ebenso wie Millionen von Schallwellen und elektromagnetischen Signalen, die um unseren Planeten hin- und hergeschickt werden. Über dieses globale elektronische Netzwerk werden 24 Stunden am Tag die Geschäftsverträge, Währungsgeschäfte, medizinischen Informationen und Bildungsressourcen dieser Welt unmittelbar über Zeitzonen, Grenzen und Kulturen hinweg übertragen.

Die Verflechtung der Weltwirtschaft hat nicht nur Auswirkungen auf das Wachstum der Produktivität. Sie macht Wissen zu einem wichtigeren Produktionsfaktor als Arbeit, Rohstoffe oder Kapital. Sie formt neue und gerechtere Beziehungen zwischen den Industrie- und den Entwicklungsländern. Und die vielleicht dramatischste Entwicklung: Sie schafft etwas, das einer grenzenlosen globalen Wirtschaft am nächsten kommt: eine Wirtschaft, die für das künftige Vorgehen auf der Ebene nationaler Wirtschaftssysteme von enormer Bedeutung sein wird.

Wir stellen bereits heute die Tendenz zu einem freieren Welthandel bei den traditionellen Gütern fest. Anfang des nächsten Jahrhunderts werden voraussichtlich fast 60 Prozent des Welthandels zollfrei abgewickelt werden.

Das größte Potential für den freien Welthandel liegt jedoch im Dienstleistungssektor. Rasche Fortschritte in der Informations- und Kommunikationstechnologie schaffen die Möglichkeit zum grenzenlosen elektronischen Handel in Kernbereichen des Dienstleistungssektors und heben viele räumliche und zeitliche Einschränkungen auf. Vor unserer Haustür werden wir in wenigen Jahren erleben, wie die Telekommunikation selbst über den Atlantik hinweg fast zu einer kostenlosen Dienstleistung wird. Die Kosten für den Einsatz von Computern sind seit 1960 drastisch gesunken und machen sie für Millionen Menschen erschwinglich. 1995 wurden 50 Millionen Computer verkauft, in Vergleich dazu betrug die Zahl der verkauften Autos 35 Millionen. Das Internet ist das deutlichste Symbol für diese Entwicklung: Seine Größe hat sich seit seiner Erfindung vor einem Vierteljahrhundert jedes Jahr verdoppelt, und es wird sich ohne Zweifel zu einem eigenständigen globalen Markt entwickeln. Genauso wie die Globalisierung von Handel und Investitionen die Produktion von Waren und die Gewinnung von Rohstoffen weltweit verändert hat, wird das Aufkommen einer weltweit vernetzten Wirtschaft den Dienstleistungssektor verändern – einen Sektor, der in vielen OECD-Ländern mehr als 70 Prozent und in einigen Entwicklungsländern 50 Prozent des Bruttoinlandsproduktes erwirtschaftet. Früher ging man davon aus, daß der internationale Handel mit Dienstleistungen in den meisten Fällen schwierig oder sogar unmöglich sei, weil der Export die Präsenz auf dem ausländischen Markt erfordere. Dank Microchip und Glasfaser kann nun jedoch jede Dienstleistung, die sich digitalisieren und elektronisch übertragen läßt, fast überall auf der Welt hergestellt und in wenigen Sekunden fast überall hin exportiert werden.

## Globalisierung des Dienstleistungssektors

Werfen wir einen Blick auf die vier Hauptmerkmale dieser sich entwickelnden grenzüberschreitenden Dienstleistungswirtschaft:

- Erstens: Sie setzt sich zunehmend über die Grenzen von Geographie, Entfernung und Zeit hinweg. Die Kosten, die Verbraucher und Unternehmen für die Abwicklung von Geschäften zu tragen haben, werden schnell reduziert, da die Vermittler zwischen Käufer und Verkäufer – Vertrieb, Groß- und Einzelhandel – ausgeschaltet werden. Die vielleicht wichtigste Folge des Vordringens des elektronischen Handels wird ein leichter und kostengünstiger Marktzugang sein, durch den die Gründung neuer Unternehmen gefördert wird. Demzufolge werden mehr Anbieter auf diesem globalen Markt vertreten sein – und zwar sowohl kleine und mittelständische Firmen als auch große multinationale Unternehmen. Firmen in Entwicklungsländern können jetzt viele Engpässe bei Infrastruktur, Kapital und Transport überwinden, die ihr wirtschaftliches Potential in der Vergangenheit gehemmt hatten. Und letztlich wird dieser zunehmende globale Wettbewerb den Verbrauchern zugute kommen.

- Zweitens: Dienstleistungssektoren, insbesondere Finanz-, Telekommunikations- und Transportdienstleistungen, schaffen eine globale Infrastruktur. Diese Infrastruktur wird die Anpassung der alten und die Entwicklung von neuen Industrien stark verbessern. Ein gutes Beispiel ist das Entstehen eines wirklich globalen Finanzsystems – die Folge technischer Fortschritte und der Liberalisierung des Marktes –, das vielen Entwicklungsländern die Möglichkeit gibt, ihr Wachstum fortzusetzen und die Lücke zu den Industrieländern weiter zu schließen.

- Drittens und vielleicht am wichtigsten: Die globale Dienstleistungsindustrie wird zu einer Wirtschaft, die auf Wissen basiert. Informationen und Ideen werden zu ihren wertvollsten Ressourcen. Anders als die klassischen Produktionsfaktoren Boden, Arbeit und Kapital sind Wissen und Informationen nicht auf Regionen oder Länder beschränkt, sondern nahezu unendlich mobil und unendlich ausbaufähig Dieser auf Wissen beruhende Wirtschaftsbereich wird andere wirtschaftliche Aktivitäten jedoch nicht ersetzen. Weder werden Fabriken und Bauernhöfe verschwinden, noch wird Software zum Ersatz unserer Nahrungsmittel oder unserer Autos. Der technologische Fortschritt wird aber die Art und Weise, wie wir Dinge produzieren, recht drastisch verändern. Nehmen wir das Beispiel der deutschen Kraftfahrzeugindustrie, die durch die Einführung von modernen Informations- und Automatisierungstechnologien und computergestütztem Design ihren Produktionsprozeß radikal neu strukturiert hat. Dies geschah in einem solchen Ausmaß, daß man nun die Automobilproduktion eher zu einer Dienstleistungs- oder wissensbasierten Branche als zum traditionellen Produktionsbereich zählen möchte.

Diese Veränderungen bringen uns zum vierten Merkmal: das Potential dieser Technologien, die Beziehungen zwischen Ländern und Regionen anzugleichen, indem sie jedem Land und jeder Region der Welt freien und ungehinderten Zugang zu Informationen eröffnen. Die Lücke zwischen den reichsten und ärmsten Ländern ist noch immer viel zu groß. Die wirtschaftlichen und technologischen Mittel sind jedoch bereits vorhanden, um diese Lücke zu schließen. Ich bin fest davon überzeugt, daß viele Entwicklungsländer in der Lage sein werden, Phasen der industriellen Entwicklung zu überspringen, für die im Norden Jahrzehnte gebraucht wurden.

Dieser freie Markt für Informationen und Wissen wird soziale und politische Auswirkungen haben, die weit über die wirtschaftliche Ebene hinausgehen. Ärzte nutzen modernste Kommunikationsmittel, um Ferndiagnosen zu stellen, und Studenten in der ganzen Welt eröffnen sich über das World Wide Web riesige Informationsquellen.

Auch die Welthandelsorganisation treibt die elektronische Vernetzung voran. Mit Hilfe des Internet und des „Information Technologies For Development Project" versucht die WTO in Zusammenarbeit mit der Weltbank, den Entwicklungsländern, die der Integration in die Weltwirtschaft am dringendsten bedürfen, technische Unterstützung, Handelsdaten, Ausbildung und interaktive Unterstützung bei der Durchführung von Entwicklungsprogrammen zu liefern.

Dies sind keine Prognosen für eine Zukunft, die in weiter Ferne liegt. Diese Veränderungen vollziehen sich bereits heute. Wir erleben bereits jetzt eine bedeutsame Verschiebung der Wirtschaftskraft in Richtung Süden, eine Entwicklung, die auf die Weltpolitik ebenso tiefgreifende Auswirkungen haben wird wie der Fall der Berliner Mauer. Und diese Verschiebung wird sowohl den Industrieländern als auch den Entwicklungsländern zugute kommen. Laut einer Prognose der Weltbank werden die Entwicklungsländer bis zum Jahr 2020 ein jährliches Wachstum von fünf bis sechs Prozent verzeichnen.

Das bedeutet, daß die Entwicklungsländer ihren Anteil an der Weltproduktion von rund 16 Prozent 1992 auf 30 Prozent im Jahr 2020 erhöhen können. Unter anderem zeugen diese Zahlen von einer immer schnelleren wirtschaftlichen Entwicklung. Das erste Industrieland, Großbritannien, brauchte 58 Jahre, um seinen Pro-Kopf-Lebensstandard zu verdoppeln, die USA

*Globalisierung des Dienstleistungssektors* 89

brauchten 47 Jahre, Deutschland 43 und Japan 34. Aber seit 1966 benötigten Korea nur 11, Chile 10 und China 9 Jahre. Und diese Zeiträume werden immer kürzer. Zehn Entwicklungsländer mit rund einem Drittel der Weltbevölkerung, mehr als 1,5 Milliarden Menschen, haben ihr Durchschnittseinkommen pro Kopf zwischen 1980 und 1995 mehr als verdoppelt.

## Liberalisierungserfolge der WTO

Der WTO kommt mit der zunehmenden Vernetzung der Weltwirtschaft eine entscheidende Rolle zu. Die WTO – wie zuvor das GATT – setzt sich vehement für eine stärkere Liberalisierung innerhalb eines Rahmens von international anerkannten Regeln ein, die auf Konsens beruhen. Sie verfügt über Mittel zur Durchsetzung ihrer Ziele, damit sich diese wirtschaftlichen und technologischen Veränderungen auf ausgeglichene, gerechte und konstruktive Weise entwickeln können. Unter diesem Blickwinkel war die multilaterale Liberalisierung des Dienstleistungshandels einer der wichtigsten Beiträge der Uruguay-Runde für die derzeitige Weltwirtschaftsordnung – und eine der bedeutendsten Veränderungen der für den Welthandel geltenden Regeln seit Inkrafttreten des GATT im Jahr 1948.

Seit Abschluß der Uruguay-Runde gab es drei wichtige Verhandlungsrunden bei den sogenannten Infrastrukturdienstleistungen (Finanz-, Telekommunikations- und Transportdienstleistungen). Das Verhandlungsergebnis bei den Finanzdienstleistungen ist der jüngste Erfolg in der noch kurzen Geschichte der WTO.

Die Verhandlungen über dieses Thema im Rahmen des Allgemeinen Handels- und Dienstleistungsabkommen (GATS) blicken auf eine wechselvolle Geschichte zurück. Sowohl 1993 als auch beim Abschluß erneuter Verhandlungen im Sommer 1995 hielten die Vereinigten Staaten das Ausmaß der verhandelten Zusagen für unzureichend, um ihren heimischen riesigen Markt auf Basis der Meistbegünstigungsklausel allen Mitgliedern der WTO zu öffnen.

Die neuerlichen Verhandlungen zielten deshalb darauf ab, den Marktzugang effektiv, diskriminierungsfrei und auf breiter Basis zu verbessern. Das hieß vor allem, ausländischen Investoren eine Geschäftstätigkeit auf nationalen Märkten zu gleichen Wettbewerbsbedingungen wie die nationalen Gesellschaften zu ermöglichen. Darüber hinaus bedeutete es auch den Abbau von unnötigen Behinderungen bei grenzüberschreitend erbrachten Dienstleistungen, da sie in einer Welt des globalen elektronischen Handels immer weniger zeitgemäß sind, und den Schutz von in diesen Märkten bereits erreichten Zugangsrechten. Und diese Ziele wurden voll erreicht. Trotz mancher skeptischer Stimmen, die sich insbesondere von den jüngsten Turbulenzen an den Finanzmärkten beeindrucken ließen, hielten die Verhandlungspartner weiterhin am Leitbild eines liberalen Handels- und Investitionsregimes in diesem zentralen Wirtschaftssektor fest. Mit Ratifizierung der erreichten Ergebnisse werden Finanzdienstleistungen fest im multilateralen Rechts- und Regelsystem verankert sein. Die jüngsten Irritationen haben es nicht vermocht, unsere Mitgliedsländer davon abzubringen, ihre wachstums- und entwicklungspolitischen Ziele durch regelgebundene Liberalisierung und Kooperation im Rahmen der WTO zu verfolgen.

Liberalisierung ist selbstverständlich nicht gleichbedeutend mit unzureichendem Konsumenten- und Gläubigerschutz. Das

GATS erkennt nicht nur das Recht aller Regierungen an, ihre Finanzmärkte zu regulieren, sondern auch ihre absolute Freiheit, die erforderlichen Maßnahmen zur Wahrung der Integrität dieser Märkte zu ergreifen. Die makroökonomische Politik und die Geldpolitik werden nicht durch die WTO abgedeckt.

Ermutigend sind auch andere bedeutende Erfolge, die die WTO 1997 verzeichnen konnte. Wir haben bewiesen, daß wir in der Lage sind, ein bahnbrechendes Abkommen zur Liberalisierung der weltweiten Telekommunikationsdienstleistungen zu verhandeln und erfolgreich abzuschließen – ein Thema, das für politisch noch nicht reif und technisch zu anspruchsvoll gehalten wurde, um wirksam in der Uruguay-Runde darüber verhandeln zu können. Am 15. Februar 1997 haben sich 69 Länder, die mehr als 90 Prozent aller Einnahmen aus der Telekommnunikation weltweit auf sich vereinen, zum Wettbewerb auf Märkten verpflichtet, die bis vor kurzem als natürliche Monopole galten, wo Wettbewerb, ganz zu schweigen von internationalem Wettbewerb, kaum vorstellbar war.

Im gleichen Jahr haben wir auch ein Abkommen zur Aufhebung von Zöllen auf informationstechnologische Produkte vereinbaren können. Zusammen mit einfachen Telefondiensten ergibt sich ein Handelsvolumen, das dem von Landwirtschaft, Automobilbau und Textilindustrie zusammen entspricht. Diese Abkommen symbolisieren die rapid wachsende Bedeutung der Informationstechnologie, die den Unterschied zwischen den Dienstleistungs- und industriellen Bereichen verwischt.

Ein abschließendes Wort zu einem wichtigen Bereich der globalen Infrastruktur, den ich bereits weiter oben nannte – den

Transportdienstleistungen. Ich erwähne sie, um einen Blick in die Zukunft zu werfen, obwohl wir hier noch keine Erfolge vorweisen können. Die im Sommer 1995 beendeten Verhandlungen über den Seeverkehr waren erfolglos, weder die Europäische Union noch die Vereinigten Staaten haben in diesem Bereich irgendwelche Zugeständnisse bezüglich einer Marktöffnung gemacht. Auch die Luftfahrtindustrie stellt in gewisser Weise eine Ausnahme dar, weil die meisten Dienstleistungen auf diesem Gebiet sowieso nicht Teil dieser Verhandlungen waren – was erklären mag, warum ein Flug von Berlin nach Genf mehr kosten kann als von Berlin nach New York.

## Ausbau internationaler Zusammenarbeit

Zweifellos erleben wir einen schnellen und tiefgreifenden Übergang in eine ganz andere Welt. Und zweifellos gibt es gravierende kurzfristige und strukturelle Probleme, welche die aktuelle Weltwirtschaft beeinträchtigen. Diese Probleme müssen mit Entschiedenheit angegangen werden und in Kooperation mit nationalen Regierungen und internationalen Organisationen gelöst werden, denn es gibt viele Anzeichen für Unsicherheit und Besorgnis in den Industrie- und Entwicklungsländern, insbesondere im Hinblick auf die Arbeitslosigkeit.

Die Welt, in der wir leben, ist nicht statisch, sondern in bezug auf das Ausmaß und die Schnelligkeit des Wandels äußerst dynamisch. Wir alle sitzen in einem Hochgeschwindigkeitszug, und doch gibt es in vielen Ländern die besorgniserregende Tendenz, auf die alten Wirtschaftsstrukturen mit ihren vielen Anpassungs- und Übergangsproblemen nostalgisch zurückzublicken und dabei die neue Wirtschaftslandschaft, der wir uns schnell nähern, zu übersehen.

Das ist ein Fehler. Man kann nicht einfach die Tatsache ignorieren, daß der Welthandel als starker Motor für das Wirtschaftswachstum dabei ist, sich innerhalb eines Jahrzehnts zu verdoppeln. Ebensowenig kann man die Prognosen ignorieren, die eine Verdoppelung der Produktion und des Faktorangebotes innerhalb der nächsten 20 Jahre voraussagen. Und daß das Wachstum in den Entwicklungsländern bis weit in das nächste Jahrhundert hinein wahrscheinlich doppelt so hoch sein wird wie das der Industrieländer. Darüber hinaus wird mit dem wirtschaftlichen Aufstieg der Entwicklungsländer auch ihre Nachfrage nach Produkten der führenden Industriestaaten zunehmen – eine Nachfrage, die immer mehr Impulse zur Erhöhung des Wachstums und zur Schaffung von Arbeitsplätzen auch in der industrialisierten Welt geben wird.

Es steht fest, daß die Beschäftigungslage nicht in allen Industrieländern gleich ist. In den Vereinigten Staaten werden zum Beispiel durch das Vordringen neuer Technologien mehr – und auch mehr hochbezahlte – Arbeitsplätze geschaffen als vernichtet. Mit anderen Worten steht hinter dem dort stattfindenden Abbauprozeß ein noch stärkerer Prozeß des Aufbaus.

Faszinierend ist auch die Feststellung, daß die politische Trennlinie, die die Weltpolitik in den letzten zwei Jahrhunderten gekennzeichnet hat, auf einmal verschwindet. Die wirkliche Debatte wird heute nicht mehr zwischen rechter und linker Politik geführt, sondern zwischen richtiger und falscher Politik – eine Tatsache, auf die der britische Premierminister Tony Blair treffend hingewiesen hat, als er feststellte, daß unsere Generation „eine Generation ist, die sich auf Bildung, berufliche Qualifikationen und Innovationen als Instrumente des wirtschaftlichen Wohlstandes und der persönlichen Entfaltung, aber nicht auf die alten Kämpfe zwischen Staat und Markt beruft".

Wir dürfen die Realität unserer gegenseitigen Abhängigkeit und der Unvermeidbarkeit der Globalisierung nicht unterschätzen. Mit der zunehmenden wirtschaftlichen Verflechtung wird der Anteil des Handels am Bruttoinlandsprodukt weiter zunehmen – von durchschnittlich sieben Prozent im Jahr 1950 auf heute 22 Prozent und erwartete 50 Prozent im Jahr 2020.

Der derzeitigen Debatte über die Globalisierung haftet eine künstliche, fast surreale Note an: die Sehnsucht nach einer unwiederbringlichen Vergangenheit und die starrsinnige Weigerung, sich einer Zukunft zu öffnen, die so vielen Menschen Aussicht auf ein besseres Leben bietet. Die Wahrheit ist, daß wir aufgrund der enormen Fortschritte in der technologischen Entwicklung und bei der Liberalisierung des Handels heute die Möglichkeit haben, jeder Nation, einschließlich der am wenigsten entwickelten Länder, den gleichen Zugang zu Bildung und Information zu bieten.

Damit schaffen wir die Voraussetzung für eine Gesellschaft, die auf Chancengleichheit beruht. Nie zuvor boten sich uns solche Gelegenheiten in einem Kontext, in dem der Markt in all seinen verschiedenen Formen die Entwicklung der Weltwirtschaft beherrscht. Nie zuvor hatte eine Generation so viele wirtschaftliche und technologische Möglichkeiten, um eine bessere Welt zu schaffen. Wenn wir dieser Herausforderung gerecht werden, werden wir auch in den Genuß dieser noch nie dagewesenen Möglichkeiten gelangen.

Aus diesem Grund müssen wir eine neue Botschaft des Vertrauens entwickeln, welche die außerordentlichen Möglichkeiten darstellt und nicht nur die Risiken, die uns diese Zeit des globalen Wandels bietet. Gibt es eine rationale Alternative zur fortschreitenden Globalisierung? Sollten wir den technologischen Fortschritt anhalten, die Entwicklung von schnelleren Flugzeugen und Computern stoppen, die weltweite Verbreitung von Fernseh- und Faxgeräten oder Handys unterbinden? Sollten wir die Schließung unserer Grenzen zum Schutz vor den Exporten der Entwicklungsländer in Erwägung ziehen und die Grenzen der Entwicklungsländer für unsere Exporte offenhalten? Sollten wir versuchen, die Industrialisierung von Milliarden Menschen zu verlangsamen oder aufzuhalten und gleichzeitig unser eigenes Wachstum und unsere eigene Sicherheit unverändert beibehalten? Selbst wenn wir ihre Produkte abwehren, können wir auch ihre Migration in unsere Länder unterbinden? Die einzig vernünftige Antwort ist nein.

Wir wollen keine geteilte Welt beschwören, die nicht durch die Regeln internationaler Zusammenarbeit, sondern durch Anarchie nach dem Gesetz des Stärkeren gekennzeichnet wäre. Das Ergebnis wäre Protektionismus, und wir wissen, daß Protektionismus – sofern er in unserer zunehmend verflochtenen Welt möglich wäre – zu wirtschaftlichem und politischem Nationalismus führt. Statt an der Zukunft zu arbeiten, in der die Liberalisierung und Weiterentwicklung von Dienstleistungen eine entscheidende Rolle spielt, würden wir eine Rückkehr in die Vergangenheit mit ihren Konflikten und Tragödien riskieren. Was wir für unsere Zukunft brauchen, sind einfach Weisheit und Mut.

Die ganze Flexibilisierungsdebatte könnte einen großen Sprung nach vorne machen, wenn es gelänge, den Riß zwischen Produzenten- und Konsumentenseele in jedem einzelnen von uns zu kitten.

Prof. Dr. Meinhard Miegel, 1939 geboren, studierte Philosophie, Soziologie sowie Rechtswissenschaften in Washington D.C., Frankfurt/M. und Freiburg. Von 1973 bis 1975 war er Mitarbeiter des Generalsekretärs der CDU. 1975 wurde er Mitglied der Geschäftsleitung der Bundesgeschäftsstelle der CDU. Seit 1977 leitet er das Institut für Wirtschaft und Gesellschaft Bonn (IWG BONN). Prof. Miegel war Vorsitzender der Kommission für Zukunftsfragen der Freistaaten Bayern und Sachsen.

# Dienstleistung durch Flexibilisierung – oder gar nicht

*von Meinhard Miegel*

## Dienstleistungen durchziehen die gesamte Arbeitswelt

Ich könnte es mir leicht machen und lapidar feststellen, daß der Siegeszug der Dienstleistung – Flexibilisierung hin oder her – ganz offenkundig nicht aufzuhalten ist. In allen frühindustrialisierten Ländern – und zunehmend auch in den spätindustrialisierten – steigt der Dienstleistungsanteil an der volkswirtschaftlichen Wertschöpfung seit langem, und auch in Deutschland, das auf diesem Gebiet eher ein Nachzügler ist, hat der Dienstleistungsbereich hinsichtlich Wertschöpfung und Beschäftigung inzwischen die Führungsrolle übernommen. Mehr noch: Ohne den Dienstleistungsbereich würden in allen frühindustrialisierten Ländern einschließlich der USA die Arbeitslosenzahlen steigen und der Wohlstand – wenn überhaupt – nur mäßig zunehmen. Alle acht Millionen Arbeitsplätze, die seit Beginn der neunziger Jahre in den USA hinzugekommen sind, befinden sich in diesem Sektor, in dem auch in Deutschland im gleichen Zeitraum rund 1,4 Millionen zusätzliche Arbeitsplätze geschaffen worden sind.

Wenn dennoch hierzulande – anders als beispielsweise in den USA – der Erwerbstätigenanteil sank und zugleich der Arbeitslosenanteil zunahm, dann zum einen, weil der Arbeitsplatzabbau im Produzierenden Gewerbe, in der Land- und

Forstwirtschaft, im Handel und Verkehr sowie beim Staat und in privaten Haushalten besonders stark war, und zum anderen, weil der Dienstleistungssektor sich weniger dynamisch entwickelte als in Ländern, die beschäftigungspolitisch erfolgreicher waren als wir.

Und wieder könnte ich es mir leicht machen und darauf verweisen, daß jene größere Beschäftigungsdynamik in einigen Vergleichsländern ausschließlich auf höhere Beschäftigtenzahlen in den sogenannten kleinen, zumeist personenbezogenen Diensten zurückzuführen ist, Diensten, die ein hohes Maß an Anpassung voraussetzen. Damit wären wir zumindest formal beim Thema, auch wenn an dieser Stelle der eine oder andere fragen dürfte: Wie denn, sollen alle diese Millionen Arbeitsplätze, die in den letzten Jahren in den USA entstanden sind, „McJobs" oder, wie die Briten sagen, „janitor jobs" sein? Das kann doch wohl nicht stimmen.

Das kann nicht stimmen, und es stimmt auch nicht. Ein hoher Anteil dieser neuen Arbeitsplätze innerhalb und außerhalb des Dienstleistungsbereichs ist von hoher Qualität, gut bezahlt, interessant und gesellschaftlich angesehen. Doch diese Art von Arbeitsplätzen entstand auch in Deutschland und anderen europäischen Ländern. Was nicht im gleichen Maße wie in den USA wuchs, waren jene kleinen, oft schlecht bezahlten, gesellschaftlich nicht unbedingt geschätzten Tätigkeiten. Hier und nur hier weist Deutschland gegenüber den USA ein Defizit auf. Wäre dieser Sektor in Deutschland proportional ähnlich besetzt wie in Übersee, gäbe es bei uns etwa vier Millionen zusätzliche Arbeitsplätze. Der Erwerbstätigenanteil und wohl auch der Arbeitslosenanteil würden sich kaum von denen der USA unterscheiden.

Also verbirgt sich hinter dem Thema „Dienstleistung durch Flexibilisierung" am Ende doch die Geschichte vom braven Mann und der braven Frau, die für geringen Lohn anpassungswillig und -fähig anderen zu Diensten sind? Ja und nein. Ja, weil in der Tat in diesem Bereich in allen entwickelten Volkswirtschaften hohe Beschäftigungspotentiale schlummern, die von Land zu Land höchst unterschiedlich geweckt werden. Nein, weil der Begriff der Dienstleistung längst nicht mehr nur mit Dienstmännern und -mädchen oder mit Ärzten, Anwälten, Wirtschaftsprüfern oder Journalisten assoziiert werden kann. Vielmehr hat sich der Begriff der Dienstleistung von allen Berufen und Tätigkeiten, die ihm in der Vergangenheit zugeordnet wurden, emanzipiert und alle erwerbswirtschaftlichen Tätigkeiten erfaßt. Dienstleistungen durchziehen heute den ganzen Arbeitsmarkt. Die von jeher künstliche Dreiteilung von Agrar-, Industrie- und Dienstleistungsbereich hat endgültig ausgedient. Bei Dienstleistungen geht es nicht mehr um bestimmte Tätigkeiten, sondern um den erwerbswirtschaftlich arbeitenden Menschen. Welche Stelle er in der Volkswirtschaft einnimmt, ist nachrangig. Wo immer ein erwerbswirtschaftlich arbeitender Mensch steht, wird ein Dienst erbracht.

Für die Juristen war das schon immer klar. Seit dem Inkrafttreten des BGB vor fast 100 Jahren ist für sie eine Vereinbarung, in denen der eine Dienste beliebiger Art und der andere deren Vergütung verspricht, ein Dienstleistungs- oder kurz Dienstvertrag, der das juristische Fundament des gesamten heutigen Arbeitsrechts bildet. Juristisch ist es völlig unerheblich, ob sich jemand als Knecht auf einem Bauernhof verdingt oder als Bergmann, als Industriearbeiter, als Hausdame oder als Wachtmann. Sie alle sind Dienstleistende.

Die Wirtschaftswissenschaft benötigte für diese Erkenntnis etwas länger. Jahrzehntelang hat sie sich mit Definitionen der Dienstleistung herumgeplagt und mußte doch wieder und wieder feststellen, daß diese nicht der Lebenswirklichkeit entsprachen. Schließlich mußte sie einräumen, daß sich agrarische und industrielle Produkte mit Dienstleistungen durchmischen, es dienstleistungsarme und dienstleistungsreiche Agrar- und Industrieprodukte gibt und sich Dienstleistungen – anders als früher angenommen – durchaus durch physikalische Medien übertragen lassen.

## Anpassungsanforderungen

Dieser Exkurs in die Welt des Begrifflichen ist keineswegs so akademisch, wie er manchen erscheinen mag. Denn wenn – wie die Juristen meinen – die Dienstleistung dem Dienstleistungssektor nie angetraut war, oder – wie die Ökonomen glauben – sie mittlerweile in allen Bereichen der Volkswirtschaft fremdgeht, dann erfährt unser Thema eine unerwartete Wendung. Dann nämlich lautet es: Erwerbsarbeit, gleichgültig ob im Agrar-, Industrie- oder Dienstleistungsbereich, durch Flexibilisierung, zu deutsch Anpassung – oder gar nicht.

Nach dieser Wendung kann ich es Ihnen und mir nicht länger leicht machen. Von nun an stehen nicht mehr nur irgendwelche Tätigkeiten, die so oder auch anders ausgeführt werden können, zur Diskussion, sondern die Erwerbsarbeit selbst und darüber hinaus das Arbeitsverständnis überhaupt. Und wer hierüber redet, kann auch das Menschen- und Gesellschaftsbild nicht aussparen. Nichts von alledem kann hier in der gebotenen Ausführlichkeit behandelt werden. Doch so viel sei angemerkt: Durch die von der Sache her nicht zu rechtfertigende Verengung des Dienstleistungsbegriffs, durch seine sprachliche Ablösung von der Erwerbsarbeit sind viele der Debatten über diesen Komplex unfruchtbar bis hin zu so nichtssagenden Nomenklaturen wie „Dienstleistungsgesellschaft".

Deshalb zurück zu den Fundamenten. Der erwerbswirtschaftlich arbeitende, das heißt dienstleistende Mensch muß sich immer und überall den Bedingungen und Bedürfnissen derer anpassen, die seine Dienste nachfragen, wie letztere Rücksicht zu nehmen haben auf die Bedingungen und Bedürfnisse dessen, der Dienste leistet. In der Theorie ist dieser Grundsatz unschwer einsichtig. In der Praxis ist er eine sprudelnde Quelle von Konflikten. Sie alle kreisen um die Frage, wie weit sich der Diensteanbieter dem Dienstenachfrager und wie weit sich dieser jenem anpassen muß, um zu einem fairen Ausgleich der beiderseitigen Interessen zu gelangen.

In der Beantwortung dieser Frage scheiden sich Epochen und Kulturen. Das 19. Jahrhundert gab eine andere Antwort als das 20., und wenn nicht alle Zeichen trügen, wird das 21. Jahrhundert abermals eine andere Antwort geben.

Ebenso verschieden sind die Antworten von Deutschen, Amerikanern oder Japanern. Wenn in den USA heute bestimmte – beschäftigungsintensive – Bereiche der Volkswirtschaft kräftiger entwickelt sind als in Deutschland oder Europa, dann hat das auch etwas mit der Art der Beantwortung dieser Frage zu tun oder, weniger verklausuliert, dann ist ein wesentlicher Grund hierfür die unterschiedliche Gewichtung der Interessen des Diensteanbieters und des -nachfragers.

## Dienstleistung gleich Unterwerfung?

In Deutschland wie in zahlreichen anderen frühindustrialisierten Ländern wurden die Anpassungsanforderungen an den Anbieter von Dienstleistungen Schritt für Schritt vermindert, während umgekehrt die Anforderungen an den Nachfrager erhöht wurden beziehungsweise ihm nahegelegt wurde, auf die Nachfrage ganz zu verzichten. Ursächlich hierfür ist ein vielschichtiges historisches und kulturelles Gewebe, das in seinen Strukturen begriffen werden muß, wenn durch Flexibilisierung Dienstleistung, Erwerbsarbeit entstehen soll.

Grundmuster dieses Gewebes ist die faktische Gleichsetzung von Anpassung und Unterwerfung. Wer sich anpaßt – so ein individuelles und kollektives Grundgefühl – unterwirft sich, sei es dem Rhythmus einer Maschine, einem Sachzwang oder – am problematischsten – dem Willen eines anderen. Eine solche Unterwerfung steht im Widerspruch zur noch immer herrschenden Maxime, wonach zwar formal die Interessen aller Individuen gleichrangig, im Zweifel jedoch die eigenen Interessen vorrangig sind. Kommt es zum Konflikt, hat der einzelne nicht nur das Recht, sondern geradezu die Pflicht, seine Interessen gegenüber den Interessen anderer zu wahren. Von diesem Dilemma ist die gesamte Arbeitswelt geprägt – die unsere noch stärker als zum Beispiel die amerikanische. Und niemand sollte sich der Illusion hingeben, ohne seine Überwindung könne die derzeitige Lage auf dem Arbeitsmarkt nachhaltig verändert werden.

In der Vergangenheit wurde dieses Dilemma durch die Mediatisierung von Diensten etwas entschärft, konkret durch die Vermeidung von Diensten am Menschen und deren Ersetzung durch menschenfern erzeugte materielle und immaterielle Güter. Zwar ist auch der Beitrag des arbeitenden Menschen zu solchen Gütern Dienst am anderen. Da aber die Güterproduktion den Dienstleistungscharakter von Arbeit recht wirksam verschleierte, war sie für viele von Unterwerfungsängsten Geplagte hinnehmbar. Allerdings bahnen sich hier Veränderungen an. Der Mensch, der sich dem anderen nicht anpassen will, könnte zunehmend genötigt werden, sich in netzwerkliche Produktionsabläufe einzubringen, die mindestens so hohe Anpassungsleistungen erfordern wie ein anspruchsvoller menschlicher Nachfrager nach Diensten.

Die rasche Ausbreitung von Informations- und Kommunikationstechnologien weist in diese Richtung. Wie die Menschen auf diese Veränderung reagieren werden, ist noch ungewiß. Doch gibt es auch hier Anzeichen, daß kulturelle Unterschiede eine erhebliche Rolle spielen. Den einen erscheint vergnüglich, was andere als entwürdigend empfinden.

So gesehen gibt es keine erwerbswirtschaftlichen Einzelbereiche, in denen die deutsche Erwerbsbevölkerung flexibilisierungsbedürftiger ist als in anderen. Vielmehr muß sie insgesamt ihr Trauma überwinden, Anpassungszwänge, sei es an Produktionsabläufe oder an Menschen, verletzten individuelle Würde und Identität. Geschieht dies nicht, muß sie mit allen sich daraus ergebenden Wohlstands- und Beschäftigungskonsequenzen hinnehmen, daß sie sich immer weiter von einer zunehmend anpassungsheischenden Lebenswirklichkeit entfernt. Bislang hat sie eine klare Entscheidung vermieden. Noch immer hoffen viele, an überkommenen Sicht- und Verhaltensweisen festhalten und zugleich die Früchte veränderter Wirtschafts- und Arbeitsbedingungen ernten zu können. Das aber geht nicht.

## Bildung und Wissensvermittlung

Soll die Erwerbsbevölkerung der sich ändernden Lebenswirklichkeit gerecht werden, müssen zunächst die Vermittler von Bildung und Wissen ihr Rollenverständnis, vor allem aber ihre Zielvorgaben modifizieren. Bis jetzt steht die größtmögliche Selbstentfaltung des einzelnen im Mittelpunkt ihrer Bemühungen. Nun müssen sie Antwort auf die Frage geben: Wie kann sich das selbstentfaltende Individuum bestmöglich einem größeren Gemeinschaftswerk an- und einpassen und zwar nicht nur auf einer diffusen, abstrakten Ebene, sondern gegebenenfalls ganz handfest im Umgang mit anderen. Das ist vielleicht das Paradoxon oder auch das sich in Umrissen abzeichnende neue Gleichgewicht der Zukunft: Je virtueller die Wirklichkeit wird, desto menschenpraller wird sie. Erwerbsbevölkerungen müssen beiden Wirklichkeiten entsprechen, um erfolgreich zu sein.

Damit dürfen auch historisch fixierte Berufsbilder nicht länger als Panzer zum Schutz von Identität und Individualität dienen. Berufsbilder kommen und gehen, oder genauer: Die Bedürfnisse von Menschen und die Formen ihrer Befriedigung verändern sich im Zeitablauf, und mit ihnen ändern sich Produktionsabläufe und technische Möglichkeiten ihrer Gestaltung. Dem haben sich Berufe anzupassen. Ein Beruf hat einen Wert. Er ist jedoch kein Wert an sich.

Unsere Bildungseinrichtungen, allen voran Hochschulen und Universitäten, aber auch die berufliche Ausbildung tragen dem noch zu wenig Rechnung. Nicht selten bilden sie für eine Welt aus, die schon den Horizont berührt oder hinter ihm versunken ist. Die Nach- und Fortbildungsleistungen, die die Praxis in manchen Bereichen zu erbringen hat, sind enorm. Und zugleich stöhnen die Berufsanfänger: Was haben wir da bloß im Studium lernen müssen! Dienstleistung durch Flexibilisierung – das heißt ganz praktisch auch: ein Höchstmaß an Durchlässigkeit von Wissenschaft und Praxis, von Praxis, Forschung und Lehre. Nur so wird die deutsche Hochschule wieder die Qualität erlangen, die sie sowohl für deutsche als auch für ausländische Studenten anziehend sein läßt. Letztere machen heute einen weiten Bogen um sie. Sie wissen, warum. Es sind nicht allein die Schwierigkeiten der deutschen Sprache.

## Anpassungen in der Arbeitswelt

Die Anpassungsleistungen, die im Bereich von Bildung und Wissensvermittlung beginnen, müssen gradlinig in der Arbeitswelt fortgesetzt werden. Auch hier geht es im Kern um veränderte Gewichtungen im Verhältnis von Anbietern und Nachfragern von Diensten – und das heißt ganz allgemein erwerbswirtschaftlicher Arbeit. In einer Gesellschaft, in der beispielsweise die Zahl von Sonntagskindern stark gesunken ist, weil diese nicht in die betrieblichen Ablaufpläne von Krankenhäusern passen, ist dieses Verhältnis ganz offensichtlich unbillig zu Lasten des Dienstenachfragers verschoben.

Das ist ein Grundproblem der Gesellschaften frühindustrialisierter Länder, namentlich aber der europäischen, und hier wiederum der deutschen. Das Gleichgewicht zwischen dem Menschen als Produzent, als Diensteanbieter, und dem Menschen als Konsument, als Dienstenachfrager, ist gestört. Dasselbe Individuum, das peinlich genau auf die Einhaltung seiner Arbeitszeiten und Pausen achtet, erwartet mit größter Selbstverständlichkeit, daß ihm im Restaurant um Mitternacht ein warmes Essen serviert wird. Die Debatte um die Ladenschlußzeiten in Deutschland, die ja noch längst nicht beendet ist, illustriert die ganze Schizophrenie. Dieselben Deutschen, die mit leuchtenden Augen von Ländern schwärmen, in denen zu später Stunde Handel und Wandel blühen, zögern, sich selbst hinter eine Ladentheke zu stellen.

Die ganze Flexibilisierungsdebatte könnte einen großen Sprung nach vorne machen, wenn es gelänge, diesen Riß zwischen Produzenten- und Konsumentenseele in jedem einzelnen von uns zu kitten; anders gewendet: wenn nicht nur ständig nach Arbeit gerufen, sondern ähnlich lustvoll produziert wie konsumiert würde. Dann würden nicht zuletzt Reizthemen wie größere zeitliche Flexibilität und räumliche Mobilität viel von ihrer Brisanz verlieren. Menschen sind nämlich erstaunlich flexibel und mobil, wenn sie Herr des Geschehens sind, das heißt sich als Konsumenten von Zeit und Raum betätigen können. Sollen sie sich hingegen als Produzenten bewähren, sperren sie sich. Leistungsangebot und -nachfrage in Zeit und Raum paßgenau zusammenzuführen, ist mehr denn je eine logistische Spitzenleistung, wie unter anderem die zunehmenden Verspätungen der öffentlichen Verkehrseinrichtungen zeigen. Eine der offiziellen Begründungen ist die mangelnde Konzentration des Personals – was immer das bedeutet.

## Institutionelle Hindernisse

Es geht also um Einstellungen, um Sicht- und Verhaltensweisen, die geändert werden müssen, wenn Menschen sich dem Wandel ihrer Umwelt anpassen sollen. Es geht aber auch um die Änderung von Institutionen, die auf diesen tradierten Einstellungen gründen. Solche Institutionen sind überkommene Unternehmensstrukturen und -hierarchien, die Organisation von Kapital und Arbeit und deren Miteinander, vor allem aber die sozialen Sicherungssysteme. Dabei zeigt sich ein steiles Änderungsgefälle. Unternehmensstrukturen und -hierarchien bewegen sich fast sturzbachartig auf die neuen Bedingungen und Bedürfnisse zu, und auch die Organisation von Kapital und Arbeit läßt erste Zeichen der Neuformierung erkennen. Die sozialen Sicherungssysteme verharren hingegen im Status ihrer Entstehung, im 19. Jahrhundert.

Die Organisation der sozialen Sicherungssysteme ist damit zu einem der größten Hindernisse bei der Flexibilisierung der Erwerbsarbeit geworden. Keiner ihrer Verfechter vermag zu erklären, wie die Arbeitslosen- über die Pflege- bis hin zur Rentenversicherung funktionieren sollen, wenn Erwerbstätige phasenweise selbständig und abhängig, im öffentlichen Bereich und in der Privatwirtschaft, vollzeit-, teilzeit- oder auch gar nicht beschäftigt sind.

Das aber ist die Arbeitswelt, in die wir eingetreten sind. Ihre Risiken sind oft genug als Schreckensszenarien vor uns ausgebreitet worden. Ungleich größer sind jedoch ihre Chancen: größerer materieller, besonders aber immaterieller Wohlstand, facettenreichere, menschengerechtere Erwerbsbiographien, inhaltsvollere Leben.

Das alles ist möglich, vorausgesetzt, wir nutzen den Wandel, was eben auch heißt, daß wir uns endlich aufraffen, institutionelle Rahmenbedingungen für das 21. Jahrhundert zu schaffen. Wie diese aussehen könnten, ist gerade im Bereich der sozialen Sicherungssysteme hinlänglich beschrieben worden. Dem Wort muß nun die Tat folgen. Deutschland leidet nicht unter fehlender Dynamik. Es leidet darunter, daß sich die Wirtschaft auf der einen und die politikgeprägte Gesellschaft einschließlich ihrer sozialen Strukturen auf der anderen Seite nicht länger im Gleichschritt vorwärtsbewegen. Dabei steht mehr auf dem Spiel als nur Dienstleistungen im engeren Sinne. Auf dem Spiel steht die Erwerbsarbeit insgesamt, der dienstleistende Mensch unter den Wirtschafts- und Arbeitsbedingungen des 21. Jahrhunderts. Unsere Gesellschaft wird von dieser Erwerbsarbeit genau so viel haben, wie sie durch ihr Verhalten ermöglicht, durch ihre Anpassung oder eben auch Nichtanpassung an eine veränderte Lebenswirklichkeit.

Jedes Unternehmen muß sich jetzt über seine Rolle in der digitalen Welt klarwerden.

Bill Gates wurde 1955 in Seattle geboren. Während seines Studiums an der Harvard University (1973 bis 1976) entwickelte er die Computersprache BASIC für den ersten Mikrocomputer. 1975 gründete er die Microsoft Corporation und brach ein Jahr später sein Studium ab, um sich vollständig dem Aufbau des Unternehmens zu widmen. Er machte Microsoft zum führenden Software-Unternehmen der Welt. Bill Gates ist Chairman und Chief Executive Officer der Microsoft Corporation.

# Neue Informationstechnologien in der Arbeitswelt von morgen

*von Bill Gates*

Die Technik beeinflußt nicht nur die Arbeitswelt entscheidend, sondern auch den Umgang der Menschen mit ihrer Freizeit. Das Tempo, in dem sich der technologische Fortschritt vollzieht, ist atemberaubend. Alle zwei Jahre verdoppelt sich die Leistung der Computerchips ebenso wie die Speicherkapazität der PC und die Geschwindigkeit der Netzwerke. Und genau diese Technologie ist es, die unsere Arbeitswelt nachhaltig verändern wird.

Im Mittelpunkt dieser Entwicklungen steht der Computer. In vielen Berufen, insbesondere im Bereich der Verwaltung, sind Computer heute schon unerläßlich geworden. Ursprünglich beschränkte sich ihr Einsatz lediglich auf das Erstellen von Dokumenten – sie waren nicht mehr als eine „komfortable" Schreibmaschine. Aber im Laufe der Zeit wurde es immer wichtiger, daß die Computer auch miteinander arbeiteten – angefangen bei unternehmensinternen Zusammenschlüssen bis hin zur weltweiten Vernetzung. So hat beispielsweise die Zusammenarbeit mit Lieferanten und Kunden eine grundlegende Änderung erfahren.

Aufgrund seiner Benutzerfreundlichkeit, welche die Kenntnis der internen Abläufe überflüssig macht, und der Möglichkeit der grafischen Darstellung von Informationen ist der Siegeszug des Computers nicht mehr aufzuhalten. Das Schlüsselelement hierbei ist die elektronische Post: Mit ihrer Hilfe ist jederman jederzeit erreichbar. Führende Unternehmen bedienen sich bereits dieses Dienstes und haben die Erfahrung gemacht, daß sie so auf neue Entwicklungen besser und schneller reagieren können.

Lassen Sie mich näher auf das digitale Nervensystem eines Unternehmens eingehen. Bei richtigem Einsatz der verfügbaren Technologie kann die praktische Umsetzung dieser Idee den Informationsfluß beschleunigen und teure Papierarbeit überflüssig machen. Das Unternehmen erledigt seine planmäßigen Aufgaben, zum Beispiel das Erstellen eines Geschäftsberichts, effizienter und ist in der Lage, auch auf unplanmäßige Ereignisse zu reagieren, sei es ein unzufriedener Kunde oder ein neuer Wettbewerber. Meiner Ansicht nach wird das Internet die Plattform der Zukunft für die Geschäftswelt werden und dieses digitale Nervensystem bilden.

Diese Entwicklung führt zu einer noch nicht gekannten Globalisierung. Über das Internet hat der Käufer die Möglichkeit, sich einen umfassenden Überblick über das Warenangebot zu verschaffen und sich über die Produkte zu informieren. Somit steht ihm eine noch nie dagewesene Auswahl zur Verfügung. Das bloße Verwalten von Papier wird durch den Zugriff auf eine Fülle von Informationen abgelöst. Es werden ganz neue Möglichkeiten zur Verbesserung von Dienstleistungen und Produkten entstehen. Die Länder, die der neuen Technologie gegenüber aufgeschlossen sind und sie sich zunutze machen, schaffen die Arbeitsplätze der Zukunft. Und das sind sehr interessante Arbeitsplätze, die eine gute Ausbildung erfordern. Ich halte es für sehr wichtig, in die Ausbildung zu investieren – es ist eine Investition in die Zukunft. Und Deutschland wird aufgrund seiner beispiellosen Ausbildungstradition mit Sicherheit eine führende Position einnehmen.

Ein weiterer wichtiger Punkt ist die Infrastruktur für diese Kommunikation. Das digitale „Miteinander" muß erschwinglich sein, und die Unternehmen müssen ermutigt werden, ihre Geschäfte auf diese neue effektivere Art und Weise abzuwickeln. Jedes Unternehmen muß sich jetzt über seine Rolle in der digitalen Welt klarwerden. Es stellt sich die Frage, wie der größtmögliche Gewinn aus den enormen Investitionen in die Technik gezogen und gleichzeitig ein Vorsprung vor der Konkurrenz erreicht werden kann. Wir müssen einen Weg finden, daß die Mitarbeiter in den Unternehmen unabhängig von ihrem Alter die neue Technologie akzeptieren und somit auch nutzen können. Für Hochschulabsolventen sind Computer nichts Neues; sie wurden während ihres Studiums mit ihnen konfrontiert. Und es wird Beauftragte geben, die diese Konzeption in den Unternehmen propagieren und umsetzen sollen. Aber wir sollten sie mit dieser Arbeit nicht alleinlassen. Die höchsten Chefetagen sollten mit gutem Beispiel vorangehen und den Weg ins 21. Jahrhundert beschreiten.

Wenn wir verantwortungsvoll und überlegt vorgehen, werden nicht nur interessantere Arbeitsplätze geschaffen, sondern die Industrienationen können auch die Vorreiter für eine neue Wirtschaftsform werden. Wir leben in aufregenden Zeiten, und ich bin sehr gespannt, wie sich alles entwickeln wird.

Die Hauptursache für das rasche Anwachsen der Beschäftigung liegt in der Flexibilität und Innovationsfähigkeit der amerikanischen Wirtschaft, einschließlich ihres Arbeitsmarktes.

Prof. Dr. Richard N. Cooper studierte an der London School of Economics and Political Science und promovierte 1962 an der Harvard University. Von 1977 bis 1981 war er Under-Secretary of State for Economic Affairs, von 1990 bis 1992 Vorsitzender der Federal Reserve Bank of Boston und von 1995 bis 1997 Vorsitzender des National Intelligence Council. Seit 1981 arbeitet Richard Cooper als Professor of International Economics an der Harvard University.

# Dienstleistungen in der amerikanischen Wirtschaft

*von Richard N. Cooper*

## Strukturwandel

Die Beschäftigung in den USA hat im letzten Vierteljahrhundert, von 1970 bis 1996, um 48 Millionen oder 61 Prozent zugenommen. Fast der gesamte Zuwachs betraf den Dienstleistungssektor. 1996 waren noch 19 Prozent der Erwerbstätigen mit der Produktion von Waren beschäftigt – 15 Prozent, wenn man den Bausektor außer acht läßt. Die Beschäftigung in der Industrie folgt der Entwicklung in der Landwirtschaft der vorherigen Jahrzehnte: Die Steigerung der Produktivität ermöglicht eine höhere Produktion selbst bei sinkender Erwerbstätigkeit. Das Verarbeitende Gewerbe verzeichnete innerhalb des oben genannten Zeitraums eine Steigerung der Produktion um 127 Prozent, während die Zahl der Beschäftigten in diesem Sektor um sechs Prozent zurückging.

Diese Trends werden sich wahrscheinlich auch in Zukunft fortsetzen, und die Nettozunahme der Beschäftigten in den USA wird ausschließlich im Dienstleistungsbereich erfolgen, der heute, wenn man den öffentlichen Dienst einbezieht, mehr als 80 Prozent der Gesamtbeschäftigung stellt. Im öffentlichen Dienst stieg die Zahl der Beschäftigten um 7,2 Millionen oder 70 Prozent auf 19,5 Millionen, wovon die Lehrer bei weitem den größten Anteil ausmachen. Die Zahl der Zivilbediensteten der Bundesregierung blieb mit 2,7 Millionen stabil, die

Streitkräfte gingen um rund 1,5 Millionen zurück (von 3,1 Millionen auf 1,5 Millionen).

Das Wachstum der Beschäftigung war aufgrund eines drastischen Anstiegs der Erwerbstätigenquote von 60 auf 67 Prozent, hauptsächlich bei Frauen, stärker als das der erwerbsfähigen Bevölkerung. Die Gründe dafür sind komplex und beinhalten sowohl den langsamen Anstieg der Reallöhne als auch das Streben der Frauen nach einem besseren sozialen Status und Gleichberechtigung. Die Arbeitslosigkeit stieg von 4,9 auf 5,4 Prozent nur geringfügig und ging 1997 wieder auf 4,9 Prozent zurück.

Arbeitsplätze im Dienstleistungssektor werden häufig als schlecht bezahlte Hilfstätigkeiten abgetan und genießen nicht das gleiche Ansehen wie Arbeitsstellen in der Produktion. Dieses Vorurteil ist absolut falsch. „Dienstleistungen" ist ein riesiger Sammelbegriff, der Fast-Food-Restaurants, die Müllabfuhr, aber auch Ärzte, Professoren, Labortechniker, Computerprogrammierer, Filmemacher und Musiker einschließt. Die größten Beschäftigungszuwächse verzeichneten der Bereich der medizinischen Versorgung und der Einzelhandel, die 1996 mehr als ein Viertel aller Beschäftigten stellten. Das schnellste Beschäftigungswachstum vollzog sich bei den sogenannten Sonstigen Dienstleistungen, oft Tätigkeiten, von denen wir 1970 noch keine Vorstellungen hatten, wie zum Beispiel die Entwicklung von Software für PC. Darüber hinaus sind viele Arbeitsplätze im Verarbeitenden Gewerbe in der Tat langweilig, schmutzig oder gefährlich.

Ein Teil der Arbeitsplätze wurde nun dem Dienstleistungssektor zugerechnet, da amerikanische Firmen zunehmend bisher intern erbrachte Dienstleistungen, wie zum Beispiel Wartung von Gebäuden, Verpflegung, Schutz von Gebäuden und sogar Rechtsberatung, auslagerten. Diese unternehmensnahen Dienstleistungen gehören zu den am schnellsten wachsenden Beschäftigungsbereichen. Bis zu einem bestimmten Grad ist ihre Zunahme eher die statistische Folge der oben erwähnten Vorgänge als daß es sich um wirklich neu geschaffene Arbeitsplätze handelt. Die externe Vergabe von Arbeiten erlaubt größere Spezialisierung (zum Beispiel für die Ausbildung) und größere Flexibilität des Unternehmens, das die Leistungen in Anspruch nimmt.

Eine Untersuchung über die Zunahme der Vollzeitbeschäftigung Mitte der neunziger Jahre zeigt, daß auf 68 Prozent der neuen Arbeitsplätze im Dienstleistungsbereich ein Verdienst über dem Median-Einkommen erzielt wird, das heißt, die neuen Dienstleistungsjobs bieten überdurchschnittliche Verdienstmöglichkeiten. Viele dieser Stellen waren freiberufliche oder technische Tätigkeiten. Die Zahl der gut bezahlten Jobs stieg doppelt so schnell wie die der schlecht bezahlten, im mittleren Bereich gab es einen mäßigen Rückgang – die Folge war eine größere Streuung der Erwerbseinkommen in den Vereinigten Staaten.

## Veränderte Nachfragemuster

Warum hat die Beschäftigung im Dienstleistungssektor in den USA so schnell zugenommen? Die allgemeine Antwort lautet natürlich, daß in diesem Bereich die Nachfrage, die die veränderten Muster im Ausgabeverhalten der amerikanischen Haushalte spiegelt, gestiegen ist, zum Beispiel, weil aufgrund der zunehmenden Zahl berufstätiger Frauen mehr außer Haus gegessen wird. Abgesehen von der Vermittlung von Bildung und dem allgemeinen Ziel, bei niedriger Inflation einen hohen Beschäftigungsgrad aufrechtzuhalten, gibt es in den Vereinigten Staaten von staatlicher Seite aus keine speziellen Maßnahmen, um Arbeitsplätze im Dienstleistungsbereich zu schaffen. Eine niedrige Inflationsrate wird in erster Linie durch geldpolitische Maßnahmen erreicht. Von der Fiskalpolitik gingen in diesem Zeitraum meist stimulierende Impulse aus, doch haben Haushaltskürzungen die Gesamtnachfrage in den letzten Jahren gebremst.

Hauptausnahme dieser allgemeinen Feststellung ist die staatliche Finanzierung der medizinischen Versorgung für die Über-65-jährigen, die den am schnellsten wachsenden Teil des Bundeshaushalts ausmacht. Dies begünstigt natürlich die Schaffung von Dienstleistungsarbeitsplätzen zur medizinischen Versorgung von Rentnern und älteren Menschen.

## Flexibilität des US-Arbeitsmarktes

Vor dem Hintergrund einer stabilisierenden Wirtschaftspolitik liegt die Hauptursache für das schnelle Beschäftigungswachstum in der Flexibilität und Innovationsfähigkeit der amerikanischen Wirtschaft, einschließlich ihres Arbeitsmarktes. Es gibt nur wenige Einschränkungen zu Arbeitszeit und Entlassungen, obwohl letztere nicht aufgrund von Rasse, Geschlecht oder ethnischem Hintergrund erfolgen dürfen. Das größte Beschäftigungswachstum fand in Unternehmen statt, die 1970 nur wenige Mitarbeiter hatten oder noch gar nicht existierten. Die 500 größten Firmen haben die Zahl ihrer Beschäftigten seit 1980 sogar reduziert. Es ist relativ einfach, eine neue Firma zu gründen und Arbeitskräfte einzustellen. Viele neue Firmen sind ein Fehlschlag und schließen, aber viele haben auch Erfolg und florieren.

Während in den letzten beiden Jahrzehnten zahlreiche Berufsgruppen schnell gewachsen sind, sind andere deutlich zurückgegangen. Dazu gehören Telefonisten, die durch automatische Verbindungen und Direktwahl ersetzt wurden, sowie Sekretärinnen, Typistinnen und Buchhalter, deren Tätigkeiten zum Teil durch PC überflüssig wurden. Mit dem Aufkommen der Gentechnologie und anderer Formen der Biotechnologie ist die Nachfrage nach qualifizierten Biologen rasch gestiegen, die nach Geologen hingegen zurückgegangen.

Kurz gesagt, die Nachfrage nach bestimmten Fähigkeiten ändert sich ständig. Das amerikanische System der Lohnbildung ermöglicht dem Markt, auf derartige Nachfrageveränderungen zu reagieren. Die Löhne derjenigen, die sich großer Nachfrage erfreuen, steigen schneller als die von denjenigen, die weniger gefragt sind. So werden zum Beispiel Programmierern mit Kenntnissen der Computersprache Cobol Spitzengehälter gezahlt, weil an der Schwelle zum Jahr 2000 viele Computerprogramme der siebziger Jahre umgeschrieben werden müssen.

Auch andere Aspekte der Flexibilität des US-Arbeitsmarktes sind der Erwähnung wert. Rund ein Sechstel der amerikanischen Arbeiter sind Teilzeitbeschäftigte, die weniger als 35 Stunden pro Woche arbeiten, die meisten davon auf freiwilliger Basis. Diese Zahl ist seit 1980 nur leicht gestiegen. Rund sechs Prozent der amerikanischen Arbeiter haben zwei oder mehr Jobs, und zwar bemerkenswert gleichmäßig über Wirtschaftssektoren und Berufsgruppen verteilt. Fast ein Fünftel der Vollzeitbeschäftigten in den USA hat Gleitzeit und kann in einem bestimmten Rahmen Anfang und Ende des Arbeitstages selbst bestimmen. Ihr Anteil verzeichnet seit 1980 einen starken Anstieg. Da viele gewillt und in der Lage sind, Teilzeit oder mit gleitenden Arbeitszeiten zu arbeiten, können im Dienstleistungsbereich wesentlich längere Geschäftszeiten angeboten werden, als das bisher der Fall war (mit Ausnahme der Bauern und einiger Familienbetriebe). Mehr als 40 Prozent der Beschäftigten im Dienstleistungssektor arbeiten außerhalb der Regelarbeitszeit, mehr als sieben Prozent zu Hause. Manche Einzelhandelsgeschäfte sind 16 Stunden pro Tag oder sogar rund um die Uhr geöffnet. Notdienste werden für alle wichtigen Bereiche wie Strom oder Heizung sowie von Krankenhäusern und einigen Arztpraxen angeboten. Arbeitslosigkeit ist in den USA im krassen Gegensatz zu den meisten europäischen Ländern meist von kurzer Dauer. Weniger als zehn Prozent sind länger als ein Jahr arbeitslos. Die Arbeitslosenunterstützung ist nicht so hoch und wird nicht so lange gewährt wie in Europa. Sie beträgt rund 60 Prozent des Gehalts und wird, außer in Zeiten nationaler Rezession, maximal 26 Wochen gezahlt. Die Mobilität der Arbeitskräfte ist insbesondere bei jungen Leuten relativ hoch. Die Beschäftigung im Süden der Vereinigten Staaten und in den Pazifikstaaten ist erheblich stärker gewachsen als im Landesdurchschnitt, während die mittleren Atlantikstaaten einen relativen Rückgang verzeichnet haben.

## Kommunikationstechnologien als Katalysator

Viele Dienstleistungen, wie zum Beispiel die medizinische Versorgung und der Einzelhandel, sind ihrer Natur nach auf das Inland beschränkt, obwohl auch diese aufgrund der Einkäufe von ausländischen Reisenden zum Beispiel in Honolulu „international" geworden sind. Mit der Schnelligkeit, Leistungsfähigkeit und Zuverlässigkeit der modernen Kommunikationsmittel können einige dieser traditionell inländischen Dienstleistungen nun in großer Entfernung vom Geschäftssitz erbracht werden. Dies kann innerhalb der Landesgrenzen geschehen, um beispielsweise von den Unterschieden bei den Mieten und dem Angebot an Fachkräften zu profitieren. Viele amerikanische Firmen bieten einen 18- und sogar 24-stündigen Telefonservice für Vertrieb oder Kundendienst, und diese Telefonarbeiter können weit weg vom Firmensitz sein. Darüber hinaus gibt es, sofern die Art der Dienstleistung dies zuläßt, keinen Grund, an den Landesgrenzen haltzumachen, und manche traditionellen Bürotätigkeiten werden nun in der Tat im Ausland ausgeführt. Beispiele sind die Erfassung von EDV-Daten (in Barbados), die Erstbearbeitung von Versicherungsansprüchen (in Irland) und die Computerprogrammierung, insbesondere für den „Jahrtausendbug" (in Indien). Dadurch, daß sich in jedem dieser Länder leicht englischsprachiges Personal finden läßt, haben amerikanische, britische oder kanadische Firmen natürlich einen Vorteil bei der Internationalisierung von Dienstleistungen.

Die Möglichkeiten gehen weit über Routinetätigkeiten hinaus. So wurden Versuche mit ärztlicher Fernberatung und Ferndiagnosen durchgeführt, insbesondere in Teilen der Welt, wo hochqualifiziertes Personal rar ist, wie in den Inselstaaten der Karibik und im westlichen Pazifik. Medizinisches Personal ohne ärztliche Ausbildung oder Ärzte, die keine Fachärzte sind, können elektronisch Kollegen mit Fachwissen konsultieren und nach deren Anweisungen tätig werden. Auch hier ist eine gemeinsame Sprache für die Kommunikation natürlich unerläßlich.

## Beschäftigungspotentiale

Das US-Arbeitsministerium versucht, die Erwerbstätigen auf die stark nachgefragten Berufe hin zu orientieren, indem alle zwei Jahre der Arbeitskräftebedarf für das nächste Jahrzehnt prognostiziert wird. Diese Prognosen reichen bis in das Jahr 2005, um während und nach der Schulzeit Entscheidungen für Ausbildung oder Umschulung für eine künftige lukrative Beschäftigung treffen zu können. 1995 prognostizierte das Arbeitsministerium einen Zuwachs der Gesamtbeschäftigung um 17,7 Millionen bis zum Jahr 2005, was einem Anstieg um 14 Prozent seit 1995 entspricht. Die größten Zuwachsraten liegen danach im Gesundheitswesen, insbesondere in der häuslichen Krankenpflege mit einem erwarteten Zuwachs von mehr als 100 Prozent, bei Computertechnikern und Systemanalytikern mit mehr als 90 Prozent und bei Physiotherapeuten und deren Hilfspersonal mit mehr als 80 Prozent. Die Berufsgruppe mit dem größten erwarteten absoluten Wachstum ist die der Systemanalytiker mit 445 000 zusätzlichen Stellen. Diese Prognosen werden selbstverständlich nicht haargenau so eintreffen, da viele Veränderungen der Wirtschaft während des nächsten Jahrzehnts und ihre Auswirkungen auf die Beschäftigung nicht im vollen Ausmaß prognostiziert werden können. So sahen nur wenige den explosionsartigen Anstieg der Verkaufszahlen für Computer Ende der achtziger Jahre oder das schnelle Wachstum der Biotechnologiefirmen Anfang der neunziger Jahre (das immer noch hauptsächlich auf hohen Erwartungen für die Zukunft beruht) voraus. Dennoch vermitteln uns diese Vorhersagen eine Vorstellung davon, was wir in der Zukunft erwarten können. In Zusammenhang mit den Veränderungen von Löhnen und Gehältern bestimmter Berufe, die am Anfang ihrer relativen Wachstums- oder Rückgangsprozesse festzustellen sind, bieten sie jedoch eine Basis für die Berufswahl derjenigen, die in den kommenden Jahren in den Arbeitsmarkt eintreten werden beziehungsweise sich umschulen lassen wollen. Gerade die Erwachsenenbildung gehört zu den schnell wachsenden Bereichen.

Interessant ist die Gegenüberstellung von zwei Branchen der amerikanischen Wirtschaft, die jetzt etwa eine gleich hohe Beschäftigungszahl aufweisen: die Kraftfahrzeugindustrie und die Datenverarbeitung. 1992 überstieg zum ersten Mal die Zahl der Beschäftigten der Datenverarbeitung die der Kraftfahrzeugindustrie, die ja als ein wirtschaftlicher Kernbereich der Industriestaaten gilt. Dabei überstieg die Anzahl der Firmen in der Datenverarbeitung die des Kraftfahrzeugbereiches um mehr als das Zehnfache. Während die Beschäftigung in der Kraftfahrzeugindustrie von 1979 bis 1992 um 1,5 Prozent pro Jahr zurückging, stieg sie bei der Datenverarbeitung um jährlich neun Prozent an. Prognosen für das Jahr 2005 sehen eine Fortsetzung des Rückganges der Beschäftigung in der Kraftfahrzeugindustrie voraus, wenn auch nicht mehr ganz so schnell. In der Datenverarbeitung ist dagegen mit einem weiteren Zuwachs von fünf Prozent pro Jahr zu rechnen, so daß im Jahr 2005 die Beschäftigung in der Datenverarbeitung mehr als doppelt so groß sein wird wie in der Kraftfahrzeugindustrie.

## Fazit

Zusammenfassend läßt sich sagen, daß ein verändertes Nachfrageverhalten und differenziertes Wachstum der Produktivität zu Veränderungen bei der Nachfrage nach Arbeitskräften führen. Eine ausreichende Nachfrage, günstige Bedingungen für Existenzgründer, flexible Arbeitszeiten und -bedingungen, eine ausreichende Lohnflexibilität und relativ mobile Arbeitskräfte haben in den Vereinigten Staaten ein rasches Beschäftigungswachstum im Dienstleistungssektor ermöglicht. Dadurch konnte auf die veränderte Nachfrage reagiert werden und die Stagnation der Beschäftigung in der Produktion und Landwirtschaft kompensiert werden. Und dies ist weniger das Verdienst einzelner wirtschaftspolitischer Maßnahmen als vielmehr das Wesen der amerikanischen Wirtschaft selbst.

# 3. Kapitel

# Herausforderungen

*Die bisherige Arbeitswelt wurde vom Industrieprozeß geprägt; für die Dienstleistungsgesellschaft sind veränderte Formen der Arbeit und der Arbeitsorganisation notwendig. Die Entwicklung zur Dienstleistungsgesellschaft zieht einen tiefgreifenden Strukturwandel nach sich, der alle Lebensbereiche erfaßt und neue Anforderungen an Wirtschaft, Politik und Gesellschaft stellt. Qualifizierung und die Bereitschaft zu lebenslangem Lernen werden zu grundlegenden Anforderungen in der Arbeitswelt von morgen. Auf welche Weise lassen sich die notwendigen Voraussetzungen schaffen, damit ein möglichst friktions- und konfliktfreier Übergang in die Dienstleistungsgesellschaft des 21. Jahrhunderts gelingt?*

Die Vorstellung, daß uns die Arbeit ausgeht,
ist falsch und utopisch.

Prof. Dr. Dominique Schnapper wurde 1934 in Paris geboren. Sie studierte Soziologie und Politologie an der Ecole des Hautes Etudes en Sciences Sociales in Paris, wo sie auch heute noch in der wissenschaftlichen Forschung tätig ist. Seit 1981 ist sie dort Directeur d'études. In ihren zahlreichen Veröffentlichungen hat sie sich wiederholt mit der Stellung der Arbeit in der Gesellschaft auseinandergesetzt. Seit 1995 ist sie Präsidentin der Société Française de Sociologie.

# Wider das Ende der Arbeit

*von Dominique Schnapper*

## Zeiten der Krisen und Utopien

In Zeiten der Unsicherheit, in denen sich die Gesellschaft in Frage stellt, und in Krisenzeiten entstehen Utopien und messianische Bewegungen. Auch unsere Zeit macht keine Ausnahme von der Regel. Da wir aber einer Gesellschaft angehören, die von der Wissenschaft beherrscht wird und in der Wirtschaftswissenschaftler hohes Ansehen genießen, sehen wir von den Vereinigten Staaten bis nach Frankreich das Aufkommen einer modernen Wirtschaftsutopie: die Utopie vom Ende der Arbeit.

Wie alle Sozialutopien birgt sie Gefahren. Sie führt unabhängig von den Absichten ihrer Urheber zu falschen Analysen, und es besteht die Gefahr, daß Regierungen falsche Entscheidungen treffen. Das Ende der Arbeit festzustellen, herbeizuwünschen oder zu rühmen bedeutet, die Realität der Gesellschaft zu verleugnen, in der wir leben.

Moderne Gesellschaften sind demokratisch und produktiv. Die politische Ordnung beruht auf den Werten und Praktiken der Bürger. Die wirtschaftliche Ordnung ist durch die Produktion von Gütern und Dienstleistungen gekennzeichnet. Die moderne Gesellschaft beruht auf dem Einzelnen als produzierendem Bürger. Symbolisch entstanden ist sie 1776, dem Jahr der amerikanischen Unabhängigkeit, der Entstehung der ersten großen modernen Demokratie und des Erscheinens des

Werkes „Der Wohlstand der Nationen" von Adam Smith, der die Tätigkeit des Menschen in den Mittelpunkt des gesellschaftlichen Lebens stellt.

Man kann von einer anderen Welt träumen, darf aber die Realität der Welt, in der wir leben, nicht vergessen. Wenn wir heute die Bedeutung der Arbeit neu definieren müssen, so müssen wir dabei die ursprüngliche Beziehung zwischen produktiver Arbeit und bürgerlicher Gesellschaft berücksichtigen. Der moderne Bürger erwirbt seine Würde durch Arbeit.

Aus diesem Grund stellt die Arbeitslosigkeit in unseren Gesellschaften seit mehr als 20 Jahren eine große Belastung für die Arbeitslosen selbst, aber auch für die Gesellschaft insgesamt dar. Wenn die soziale Bindung durch den Anstieg der Arbeitslosigkeit geschwächt wird, dann weil die Arbeit die Keimzelle des gemeinschaftlichen Lebens ist. Sie ist Mittel zur Sicherung des materiellen Wohlstandes, zur Gestaltung von Raum und Zeit, und sie hilft, soziale Beziehungen zu knüpfen. Die Berufstätigkeit verleiht den anderen Aspekten des Lebens Sinn. Mit einem Wort, sie ist Grundlage und Ausdruck der Würde des Einzelnen. Es ist nicht vorstellbar, daß die Arbeit in unseren Gesellschaften diese Bedeutung verliert.

Dank der technischen Fortschritte produzieren die Menschen heute im Laufe ihres Lebens mehr, obwohl sie weniger Zeit für Arbeit aufwenden müssen als ihre Eltern und Großeltern. Das bedeutet aber nicht, daß die Arbeit heute nicht mehr als Norm und Ideal gelte, ihren Wert verloren habe oder das Leben nicht mehr gestalte: Es ist falsch, von der faktischen zeitlichen Verkürzung der Arbeit darauf zu schließen, daß sie auch ihre Bedeutung als Norm oder Ideal verloren habe. Denn wie alle Umfragen zeigen, behält sie für die Erwerbstätigen und

Arbeitslosen ihre zentrale Bedeutung. Durch die Verkürzung der Arbeitszeit seit einem Jahrhundert wurde die Norm nicht geschwächt. Alle, die keine Arbeit haben, fordern in erster Linie eine „echte" Beschäftigung. Das darf man nicht vergessen.

## Vom Ende der Arbeit

Die Vorstellung, daß uns die Arbeit ausgeht, ist falsch und utopisch. Wahr hingegen ist, daß wir gerade eine neue technische Revolution erleben. Nach der mechanischen Revolution des 19. Jahrhunderts und der elektrisch-chemischen Revolution zu Anfang des 20. Jahrhunderts erleben wir heute die elektronisch-digitale Revolution. Und wieder produzieren weniger Arbeitskräfte mehr. Die früheren technischen Revolutionen bedeuteten immer eine „Befreiung" von der Arbeit, das heißt, ein Teil der Bevölkerung wurde arbeitslos. Bereits 1830 beklagte man das „Ende der Arbeit"! Die Arbeiter zerstörten die Maschinen, durch die sie ersetzt wurden. Für die nächste Generation wurden neue Arbeitsplätze geschaffen. Das neu entstandene Gleichgewicht auf dem Arbeitsmarkt machte kürzere Arbeitszeiten möglich, die neue Arbeit war nun dank der modernen Maschinen weniger anstrengend.

Ebenso konnte man nach dem Zweiten Weltkrieg im Dienstleistungssektor mehr Arbeitsplätze schaffen, während sie in der Landwirtschaft und Industrie abgebaut wurden. Als die Maschinen das Land eroberten, wurden viele Bauern in die Städte getrieben. Die Landflucht wurde von einer Generation beklagt, die den Untergang der traditionellen bäuerlichen Welt erlebte. Manche schafften die Umstellung zu modernen Landwirten, gut organisierten und effizienten Managern. Andere wurden Arbeiter in den Städten. Ihre Kinder jedoch sind jetzt Techniker, Angestellte oder Lehrer. Ihre Enkel studieren. Französischer Präsident war Georges Pompidou, der Enkel eines Bauern. Alfred Sauvy bezeichnete dies als „Verlagerung" der erwerbstätigen Bevölkerung von einem Sektor in einen anderen.

Wird sich diese Verlagerung heute wiederholen? Dann befänden wir uns gegenwärtig in einer Zeit der „Anpassung". Wir würden erleben, wie heute eine Generation aus den Fabriken und Büros vertrieben wird, ebenso wie die Bauern nach dem Zweiten Weltkrieg von ihren Äckern vertrieben wurden. In der nächsten Generation würde sich dann ein neues Gleichgewicht mit kürzerer Arbeit an physisch weniger anstrengenden Arbeitsplätzen bilden, weil die neuen Maschinen uns besser unterstützen als die alten und mehr leisten können als heute die menschliche Arbeitskraft. Wir dürfen nicht bedauern, daß Briefe heute nicht mehr von Hand sortiert werden, wenn die Maschinen dies besser können und den Beschäftigten bei der Post als Aufgabe nur noch die intelligente Lösung schwieriger Probleme bleibt. Die erwerbstätige Bevölkerung wird sich auf neue Wirtschaftszweige verlagern. Vielleicht wird diese Anpassung schwieriger, weil Computer nicht nur die körperliche Arbeit der Menschen, sondern auch ihre Intelligenz ersetzen. Dennoch scheint es, daß sich die allgemeine Entwicklung der Vergangenheit auch in Zukunft fortsetzt. Das heißt: Einmal mehr werden weniger Arbeitskräfte benötigt, um mehr zu produzieren. Diese „Befreiung" jedoch führt langfristig zur Arbeitslosigkeit unserer Generation. Diejenigen, die von ihrer Arbeit „befreit" sind – auch arbeitslos genannt werden –, stellen also in gewisser Weise eine geopferte Generation dar.

Die Organisation der Produktion wandelt sich mit dem Fortschritt oder den technischen Revolutionen. Wir müssen darüber nachdenken, wie wir uns diesem Wandel anpassen und die Vorteile des globalen Wachstums am besten nutzen können. Die Politiker haben die Aufgabe, die schlimmsten Folgen für diejenigen Teile der Gesellschaft zu mildern, welche die Opfer dieses Anpassungsprozesses sind, bis sich ein neues, wieder nur provisorisches Gleichgewicht gebildet hat.

Dank der Maschinen sind weniger Menschen für die landwirtschaftliche und industrielle Produktion erforderlich. Auch im Dienstleistungssektor werden weniger Menschen in der Verwaltung und zur Organisation der Produktion benötigt. Das bedeutet jedoch nicht, daß es keinen Bedarf an Arbeitskräften mehr gäbe. Ein wichtiger Bereich der Gesellschaft bleibt von der elektonisch-digitalen Revolution unberührt, den man im weitesten Sinne mit „sozial" bezeichnet. Er umfaßt die materielle, moralische und intellektuelle Betreuung von Kindern, Heranwachsenden, Alten, Kranken und Behinderten, die versorgt werden müssen und wollen.

Die Bedürfnisse der Menschen sind unbegrenzt, und damit ist auch die Zahl möglicher neuer Arbeitsplätze immens. Das einzige Problem ist, daß sie bezahlbar sein müssen. Die Zahl der Arbeitsplätze steigt in den Vereinigten Staaten rapide an, und einer der Sektoren mit dem größten Zuwachs ist die Unterhaltungsindustrie! In den europäischen Ländern gehörte die Tourismusbranche zu jenen Bereichen, die im vergangenen Jahrzehnt die meisten Arbeitsplätze geschaffen haben. Wenn ein Lehrer nur zehn Kinder zu unterrichten hätte, wäre dies für alle hervorragend. Die Schwierigkeit liegt darin, diese zusätzlich einzustellenden Lehrer zu finanzieren.

## Professionalisierung sozialer Berufe

Es geht nicht um das Ende der Arbeit. Es geht darum, die in der Landwirtschaft und Produktion abgebauten Arbeitsplätze in den Dienstleistungssektor zu verlagern. Im Laufe der letzten beiden Jahrhunderte hat der Anteil der Arbeitskräfte, die nicht unmittelbar in der Produktion tätig waren, ständig zugenommen. Die Zahl derer, die im Dienstleistungssektor in der Verwaltung tätig und nicht unmittelbar in den Produktionsprozeß eingebunden sind, hat sich erhöht. Auch die Zahl der in sozialen Berufen Beschäftigten hat sich vergrößert: Arbeitsplätze in Bildung, Kultur und Pflegeberufen wurden in einem nie dagewesenen Ausmaß geschaffen. Und dies wird sich dank des technologischen Fortschritts fortsetzen, durch den sich die Zahl derjenigen erhöht, die in Berufen dieser Art eine Anstellung finden könnten.

In dem Augenblick, in dem die Digitalisierung der Arbeitswelt ermöglicht, mit weniger Personal mehr zu produzieren und unsere produzierenden Gesellschaften den Wert der Arbeit nicht in Frage stellen können, muß denjenigen, die nicht an der Produktion beteiligt sind, das Gefühl vermittelt werden, von sozialem Nutzen zu sein. Denn alle Menschen wollen sich nützlich fühlen. Eine der Möglichkeiten dazu liegt in der Professionalisierung der sozialen Tätigkeiten. Diese zu professionalisieren bedeutet anzuerkennen, daß ihre Ausübung bestimmte Kompetenzen und Qualifikationen voraussetzt und einen angemessenen Lohn verdient. Durch die Professionalisierung wird die Anerkennung ihres wahren Wertes möglich.

Die Betreuung von Kindern und Alten, Bildung oder intellektuelle Tätigkeiten sind weder intellektuell noch moralisch weniger wert als der Bau von Maschinen. Die Gesellschaft hat sich seit Jahrzehnten um die Maschinen und von ihnen geschaffenen Güter strukturiert. Das Ansehen der Berufe, in denen Menschen betreut werden, ist gegenüber dem der Ingenieure und Geschäftsleute, die den Eindruck unmittelbarer Teilnahme am Produktionsprozeß erwecken, ständig gesunken, sogar wenn sie, wie Mediziner oder Lehrer, über anerkannt hohe Fähigkeiten verfügen. Dennoch sind viele Berufe für das Leben der Gemeinschaft notwendig, auch wenn sie fachlich weniger anspruchsvoll sind. Wir müssen das Bild verändern, das wir von ihnen haben. Soziale Berufe, die auf gesundheitliche, intellektuelle und kulturelle Bedürfnisse der Menschen ausgerichtet sind, verlieren ihren Wert, weil unsere Gesellschaften von der Logik der Produktion beherrscht und die sozialen Berufe überwiegend von Frauen ausgeübt werden – zwei Aspekte, die nicht zu trennen sind. Die Teilnahme am Produktionsprozeß ist aber nicht die einzige Möglichkeit, nützlich zu sein. Die Maschine muß dem Menschen dienen, aber nicht umgekehrt. Die humanistischen Werte müssen neu gelernt werden, ohne aber die Werte zu verdammen oder zu zerstören, die die Effizienz des Kapitalismus ermöglicht haben.

## Fundament des sozialen Sektors

Tätigkeiten in der Marktwirtschaft sind mit den sozialen Berufen nicht zu vergleichen, weil der Fortschritt der Wirtschaft Voraussetzung für die Entwicklung der Dienstleistungen ist. Nur wenn die Wirtschaft effizient und konkurrenzfähig produziert, können die Arbeitsplätze, für die in den Bereichen Bildung, Soziales und Kultur ständiger Bedarf besteht, finanziert werden. Voraussetzung zur Schaffung der auf die Bedürfnisse der Menschen ausgerichteten Arbeitsplätze im Gesundheits- und Bildungswesen und im kulturellen Bereich ist die Produktion von Gütern und deren Wettbewerbsfähigkeit auf dem Weltmarkt.

Angesichts der Tatsache, daß die Schaffung von Arbeitsplätzen im sozialen Sektor auf (privat)wirtschaftlicher Effizienz beruht, sollte nicht mehr die Rede davon sein, das Ende der Arbeit anzukündigen oder zu behaupten, daß sie keinen Wert mehr besitze. Vielmehr sollte sie als Voraussetzung für die Existenz des sozialen Sektors anerkannt werden. Wir sind nicht auf dem Weg zum Ende der Arbeit, sondern zu einer Veränderung der Arbeitsformen und Arbeitsplatzstrukturen. Der Dienstleistungssektor kann immer mehr Arbeitskräfte brauchen. Es ist wichtig, daß die dort Beschäftigten auch erkennen, daß ihre Arbeit mit ihrer Würde vereinbar ist, daß der soziale Wert der Arbeit anerkannt wird. Diese Entwicklungen können aber nur stattfinden, wenn sie von Produktion und Handel finanziert werden. Produktion und Handel müssen auf dem Weltmarkt wettbewerbsfähig sein. Sie gehören weiterhin zu den Grundlagen der Gesellschaft, weil sie die Entwicklung der anderen Bereiche des Gemeinlebens ermöglichen. Die Gesetze einer globalen Marktwirtschaft lassen sich nicht auf die Arbeitsplätze im kulturellen und sozialen Bereich anwenden, weil sie Voraussetzung für deren Vorhandensein sind. Der Staat muß daher durch seine Haushaltspolitik, durch Steuerreformen und durch die Neuordnung der sozialen Sicherungssysteme die Entwicklung des wirtschaftlichen Lebens fördern. Das ist das beste Mittel im Kampf gegen die Arbeitslosigkeit.

Es ist leicht gesagt, daß die Wiederbelebung des Wachstums nicht ausreicht, um die „Krise" zu lösen. Das Wachstum trägt vielleicht nicht direkt dazu bei, Sozialpläne der Unternehmen zu verhindern; es ermöglicht aber die Entwicklung des Dienstleistungssektors, den wir brauchen. Wachstum ist die Voraussetzung dafür, neue Tätigkeitsbereiche zu fördern und zu reformieren.

## Die Logik des Marktes

Die moderne Gesellschaft ist eine Gesellschaft der ständigen Auflösung von Strukturen und Umstrukturierungen, von Ungleichgewicht und Gleichgewicht oder, gemäß der Formulierung Schumpeters, eine Gesellschaft der schöpferischen Zerstörung. Wenn Krisenzeiten oder Phasen tiefgreifender Veränderungen länger anhalten – wie dies heute der Fall ist –, reagiert man empfindlicher auf die Auflösung von Strukturen und Ungleichgewicht. Wir sehen, wie sich die übertriebene Logik des Marktes dem Willen der nationalen Gemeinschaften und dem der demokratischen Regierungen ebenso wie dem der Individuen aufzuzwingen scheint. Den Markt einfach als das absolut Böse schlechthin anzuprangern, ist naiv und trügerisch. Das Problem, das sich den europäischen Demokratien heute stellt, liegt darin, die außergewöhnliche Kreativität des Kapitalismus zu bewahren und gleichzeitig zu versuchen, seine nachteiligen Wirkungen auf manche Teile der Bevölkerung auszugleichen. Dies ist Aufgabe der Politik, die aber nicht zu einer Form der Unterstützung führen darf, welche die Betroffenen demütigt. Wie lassen sich Effizienz des Marktes und soziale Gerechtigkeit vereinen? Das ist keine leichte Aufgabe, weil ein Teil – aber nur ein Teil – der Wirtschaft aus nomadenhaften Unternehmen besteht, die keinem bestimmten Staat angehören. Den Markt aufzugeben, der Produktivität und somit Einkommen und Reichtum garantiert, wäre töricht und würde nicht zur Sicherung der sozialen Gerechtigkeit führen. Der Markt muß gelenkt und kontrolliert werden, um seine Vorteile nutzen zu können. Dabei muß aber auch die soziale Gerechtigkeit in Übereinstimmung mit unseren Werten und den Ansprüchen der demokratischen Gesellschaft sichergestellt werden.

Die liberalen Gesellschaften sind nicht allein auf der Welt. Auf dem Weltmarkt konkurrieren Produzenten, die Gesellschaften mit unterschiedlichen Konzeptionen und Organisationsformen der Arbeit angehören. Man darf nicht vergessen, daß die Nichteuropäer mehr arbeiten als wir und daß wir uns auf demselben Markt befinden. Wettbewerbsfähig zu sein ist eine Notwendigkeit, ohne die wir verarmen. Den Stein der Weisen, der uns gestattet, reicher zu werden und weniger zu arbeiten, haben wir noch nicht gefunden. Im Augenblick behaupten die Europäer noch einen gewissen Vorsprung gegenüber manchen Volkswirtschaften aus anderen Teilen der Welt, die mehr arbeiten als wir. Das wird jedoch nicht von Dauer sein, denn sie sind ebenso intelligent wie wir.

Der Zusammenbruch der Planwirtschaften hat die Überlegenheit eines Systems bewiesen, das auf der Freiheit der Menschen beruht, unternehmerisch tätig zu sein und auf einem freien Markt zusammenzutreffen. Gleichzeitig aber müssen die Kräfte des Marktes aufgrund der gemeinsamen Werte und des Anspruchs aller Bürger auf ein Leben, das ihre Würde garantiert, geregelt werden. Das gilt auch für die, die keine Arbeit haben. Der Wert der modernen Gesellschaft liegt darin, daß sie auf der Gleichheit der Würde aller Menschen beruht. Wir brauchen eine Organisation der Gesellschaft, welche die

Effizienz der modernen Wirtschaft wahrt und die Würde all jener anerkennt, die nicht direkt am Markt teilhaben.

Die modernen demokratischen Gesellschaften sind dabei am ehesten erfolgreich, denn die Verknüpfung zwischen Staatsbürgertum und der Produktion erwies sich als möglich. Die kapitalistische Ordnung hat sich innerhalb der bürgerlichen Gesellschaften entwickelt. Sie sind bei weitem nicht perfekt, doch sind sie bis heute die beste Form einer Gesellschaft, die auf der Kreativität der Wirtschaft, der Herstellung von relativer sozialer Gerechtigkeit und einer legitimen politischen Ordnung beruht.

Weder durch Deregulierung noch durch einen neuen Niedriglohnsektor, sondern in erster Linie durch Innovationen und Qualifikation werden wir die Beschäftigungsmöglichkeiten erschließen können, die die Dienstleistungsgesellschaft bietet.

Dieter Schulte, 1940 in Duisburg geboren, absolvierte eine Ausbildung als Maurer. 1959 trat er der IG Metall bei und übernahm ab 1970 verschiedene gewerkschaftliche Funktionen. 1983 wurde er Mitglied des Konzernbetriebsrates der Thyssen AG, 1990 Gesamtbetriebsratsvorsitzender der Thyssen Stahl AG und 1991 Geschäftsführendes Vorstandsmitglied der IG Metall. Seit 1994 ist Dieter Schulte Vorsitzender des Deutschen Gewerkschaftsbundes (DGB).

# Neue Arbeitsformen in der Arbeitswelt des 21. Jahrhunderts

*von Dieter Schulte*

## Den Wandel gestalten

„Dienstleistungsgesellschaft" ist einer der Begriffe, mit denen in der gegenwärtigen öffentlichen Diskussion der wirtschaftliche Strukturwandel, aber auch gesellschaftliche Zukunftsperspektiven beschrieben werden. Daran ist richtig, daß in allen industrialisierten Staaten eine Verschiebung zum Dienstleistungssektor zu beobachten ist. Während Industrie und Verarbeitendes Gewerbe zurückgehen, nimmt der Bereich der Dienstleistungen zu. Beschleunigt wird diese Entwicklung durch die rasante Entwicklung neuer Technologien, deren Einsatz zu neuen Tätigkeitsfeldern und Berufen führt. Gleichzeitig werden damit in der Waren- und Güterproduktion weitere Rationalisierungsprozesse eingeleitet, die mit dem Abbau von Beschäftigung einhergehen. Es ist nicht die Frage, ob dieses gewünscht oder zu verdammen ist. Diese Entwicklung ist nicht mehr umzukehren. Die Gewerkschaften in Deutschland haben sich auf diese Entwicklung eingestellt. Wir sehen in der Dienstleistungsgesellschaft Risiken, aber auch Chancen. Und darum wollen wir diesen Prozeß mitgestalten.

Ich halte jedoch wenig davon, den Weg in die Dienstleistungsgesellschaft zum Allheilmittel zu stilisieren, mit dem Wachstum, Beschäftigung und Wettbewerbsfähigkeit in einer globalisierten Wirtschaft erreicht werden können. Eine Standortdiskussion, die den industriellen Sektor vernachlässigt oder gänzlich ausblendet, greift einfach zu kurz. Wenn wir den industriellen Bereich unterbewerten oder gar vom Ende der Industriegesellschaft sprechen, dann verkennen wir, daß ohne den industriellen Bereich die Dienstleistungen keine Zukunft haben. Dies sehen wir zum Beispiel in den neuen Bundesländern. Hier sind acht von zehn Arbeitsplätzen bei den privaten und öffentlichen Dienstleistungen entstanden. Aber weil das industrielle Fundament noch viel zu schmal ist, fehlt die Basis für einen selbsttragenden wirtschaftlichen Aufschwung. Nur durch eine Weiterentwicklung des Industriestandortes Deutschland, nur durch neue Produkte – durch innovative Konsum- und Investitionsgüter – können qualitativ hochwertige Dienstleistungen entstehen, die dann auch international wettbewerbsfähig sind. Die Entwicklung des Dienstleistungssektors vollzieht sich also nicht zwangsläufig zu Lasten der Industrie, vielmehr wird es darauf ankommen, daß sich beide Bereiche durch eine verstärkte Zusammenarbeit ergänzen. Gelungene Beispiele dafür gibt es bereits; ich nenne nur den Veranstalter des Dienstleistungskongresses, die debis AG, und die Automobilindustrie.

In der öffentlichen Diskussion wird von einer gravierenden Dienstleistungslücke Deutschlands im internationalen Bereich gesprochen, die letztendlich für die hohe Arbeitslosigkeit verantwortlich sei. Aber Untersuchungen, wie die des Deutschen Instituts für Wirtschaftsforschung zeigen, daß zwischen den Vereinigten Staaten und Deutschland keine wesentlichen Unterschiede hinsichtlich des gesamtwirtschaftlichen Anteils von Dienstleistungstätigkeiten bestehen. Es sind oftmals unterschiedliche Statistiken, die zu wirtschafts- und beschäftigungspolitisch fragwürdigen Schlußfolgerungen führen – zum

Beispiel, die Kultur des Dienens sei in Deutschland unterentwickelt, oder zu der ebensowenig haltbaren These, wir müßten nur die Löhne senken, dann würden wir ein Beschäftigungswunder wie in den USA erleben. Ich halte ein Wunder, wenn es wirklich eins sein sollte, für nicht übertragbar.

## Erschließung von Beschäftigungspotentialen

Dennoch teile ich die Auffassung derjenigen, die gerade bei den Dienstleistungen die beste Möglichkeit sehen, um Arbeitsplätze zu schaffen. Diese Beschäftigungspotentiale müssen gezielt erschlossen werden. Aber diese neuen Beschäftigungsmöglichkeiten werden wir nicht in erster Linie durch niedrige Löhne, sondern durch Innovationen und Investitionen erschließen. Wir brauchen Innovationen und Investitionen zur Entwicklung international wettbewerbsfähiger Güter und Dienstleistungen. Dann entstehen auch neue Arbeitsplätze. Und dies sind – wie übrigens in anderen Ländern auch – qualifizierte Arbeitsplätze für gut bezahlte Arbeitnehmerinnen und Arbeitnehmer.

Der Weg in die Dienstleistungsgesellschaft, wie wir ihn anstreben und wie er auch in weiten Bereichen unserer Wirtschaft beschritten wird, ist nicht der Weg in eine Dienstboten-, sondern in eine Wissens- und Informationsgesellschaft. Dies gilt auch für Beschäftigungsfelder, die nicht im internationalen Wettbewerb stehen. Ich denke dabei an den Umweltschutz, regionale Verkehrssysteme, den Tourismus, aber auch an die sozialen und haushaltsbezogenen Dienstleistungen. Viele dieser Dienstleistungstätigkeiten werden im industriellen Sinne als wenig produktiv bezeichnet. Beschäftigung im Einzelhandel, im Gaststätten- und Hotelgewerbe, in Krankenhäusern und Pflegeheimen, Arbeit in Kindergärten und -tagesstätten, private Haushaltstätigkeiten, Kinder- und Altenbetreuung, Instandsetzungs- und Reparaturarbeiten für Gebäude und Wohnungen sind nur einige Bereiche, die ich nennen will. Ihre Existenz zeigt jedoch, daß ein gesellschaftlicher Bedarf an ihnen besteht, der angesichts zunehmender Einpersonenhaushalte, steigender Erwerbstätigkeit von Frauen und steigendem Bevölkerungsanteil von Älteren an Bedeutung weiter wachsen wird. Für alle diese Tätigkeiten werden Menschen mit sehr unterschiedlichen Qualifikationen gebraucht. Manche Tätigkeiten verlangen eine geringe Qualifikation, aber viele Arbeiten müssen von Menschen verrichtet werden, die eine hohe Qualifikation haben. Ich will mich durchaus nicht der Diskussion über die Erschließung neuer Beschäftigungsmöglichkeiten für Menschen mit nur geringer Qualifikation verschließen. Es müßten allerdings die Bereiche genauer beschrieben und die Möglichkeiten zusätzlicher Beschäftigung deutlichgemacht werden. Und dann muß es wirklich darum gehen, Menschen in Arbeit zu bringen, und nicht darum, Löhne für Menschen abzusenken, die Arbeit haben. Weder durch Deregulierung noch durch einen neuen Niedriglohnsektor, sondern in erster Linie durch Innovationen und Qualifikation werden wir die Beschäftigungsmöglichkeiten erschließen können, die die Dienstleistungsgesellschaft bietet.

Dienstleistungen eröffnen große Möglichkeiten, um neue Arbeitsplätze zu schaffen. Dennoch dürfen wir nicht darauf verzichten, die vorhandene Arbeit gerecht zu verteilen. Gerade bei den klassischen Dienstleistungsfeldern, bei Banken und Versicherungen, beobachten wir mit Sorge große Rationalisierungsschübe, denen zahlreiche Arbeitsplätze zum Opfer fallen. Darum führt hier kein Weg an einer gerechten Verteilung der Arbeit vorbei. Ich denke zum Beispiel an die Schaffung von mehr Teilzeitarbeitsplätzen, die auch für Beschäftigte in höheren Funktionen attraktiv sind. Das erfordert neben der Beantwortung der sozial- und arbeitsrechtlichen Fragen vor allem einen Wandel der Einstellung zur Teilzeitarbeit.

## Flexibilisierung der Arbeitswelt

Wenn es gelingt, einen gesellschaftlichen Konsens darüber herzustellen, wäre dies sicherlich ein positives Zeichen für die Bewältigung anderer Herausforderungen, die uns ins 21. Jahrhundert begleiten werden. Es wäre ein Zeichen dafür, daß wir das Problem der Massenarbeitslosigkeit wirklich ernst nehmen und in gemeinsamer Verantwortung neue Wege zu mehr Beschäftigung gehen. Ich denke dabei aber auch an kürzere Wochen-, Jahres- oder gar Lebensarbeitszeiten. Gerade die Altersteilzeit kann Älteren einen gleitenden und humanen Ausstieg aus dem Arbeitsleben ermöglichen, während jüngere den Einstieg in den Beruf schaffen. Ich sehe aber in einer modernen Arbeitszeitpolitik nicht nur einen Notnagel für Beschäftigungssicherung, sondern auch den Schlüssel zu einer angemessenen Form der Arbeitszeitgestaltung im Dienstleistungssektor. Ich warne allerdings davor, flexible Arbeitszeiten gegen die Beschäftigten und ihre Gewerkschaften durchzusetzen. Nur ein fairer Interessenausgleich zwischen den Ansprüchen der Beschäftigten an eine humane Arbeitszeitgestaltung und den Erfordernissen kundenorientierter Dienstleistungen kann Arbeitsplätze, aber auch Motivation und damit Qualität sichern. Beschäftigte, die schlecht bezahlt werden, zahlreiche Überstunden leisten und wenig Freizeit haben, sind keine guten Dienstleister. Mehr Flexibilität der Dienstleistung und mehr Zeitsouveränität für diejenigen, die sie erbringen, gehören zusammen.

Auf dem Weg in die Dienstleistungsgesellschaft müssen sich die Gewerkschaften nicht nur in der Beschäftigungspolitik, sondern auch in der Praxis der betrieblichen und gewerkschaftlichen Interessensvertretung mit neuen Herausforderungen auseinandersetzen. Die Arbeit muß nicht mehr im Unternehmen erbracht werden. Viele Beschäftigte im Dienstleistungssektor verkehren nur noch online mit ihrem Unternehmen. Gerade das Beispiel der Teleheimarbeit zeigt aber, wie gestaltungsbedürftig und gestaltungsfähig solche neuen Formen der Arbeit im Dienstleistungssektor sein können.

Die Verlagerung des Arbeitsplatzes ins Wohnzimmer kommt den Bedürfnissen zahlreicher Menschen sicherlich entgegen. Arbeit und Arbeitszeit können selbständiger organisiert, Erwerbstätigkeit, Freizeit und Familienleben besser miteinander in Einklang gebracht und flexibel gestaltet werden. Davon könnten Frauen, aber mit Sicherheit nicht ausschließlich sie, profitieren, da gerade Kindererziehung und die Ausübung eines Berufes oftmals nicht miteinander zu vereinbaren sind. In der Teleheimarbeit liegt daher sicherlich eine größere Chance für Frauen, vorausgesetzt, daß auch Männer die Bereitschaft zeigen, zu Hause zu arbeiten.

Diese noch relativ neue Arbeitsform darf jedoch nicht dazu führen, daß sie allein durch die Flexibilisierungswünsche von Unternehmen oder Auftraggebern bestimmt wird. So würde eine Rund-um-die-Uhr-Verfügbarkeit nur zu einem überhöhten Druck bei Arbeitnehmerinnen und Arbeitnehmern führen. Die zwangsläufige Folge wäre, daß das Arbeitsprodukt an

Qualität verlöre und die offensichtliche Attraktivität von Telearbeit verloren ginge. Auch der Unternehmensbezug im arbeitsrechtlichen Sinne muß erhalten bleiben. Mit der Dezentralisierung von Unternehmen und der Umwandlung von festen Arbeitsverhältnissen in freie Berater- oder projektbezogene Werkverträge wird häufig eine kurzfristige Kostensenkungsstrategie verfolgt. Dabei spielt natürlich die Senkung der Lohn- und Lohnnebenkosten eine nicht unbedeutende Rolle.

## Neue Wege in der Tarifpolitik

Ebenso bedeutsam ist aber auch das Motiv, durch Konkurrenz zwischen Selbständigen und noch Festangestellten die höchstmögliche Leistung zum niedrigsten Preis zu erhalten. Dies dürfte kurzfristig möglich sein, schadet aber mittelfristig der Qualität und macht Teleheimarbeit unattraktiv. Darum hat die Deutsche Postgewerkschaft mit der Deutschen Telekom AG wegweisende Tarifverträge zur Telearbeit abgeschlossen. Danach arbeiten die Beschäftigten sowohl zu Hause als auch im Betrieb. Wesentliches Element ist in diesen Tarifverträgen, daß der Anteil der häuslichen, selbstbestimmten Arbeitszeit so groß wie möglich gehalten wird. Gleichzeitig wird ein regelmäßiger Kontakt zum Betrieb angestrebt. Denn bei aller Faszination, die vom Gebrauch neuer Informations- und Kommunikationsmittel ausgeht, wird das menschliche Bedürfnis nach direkten, nicht technisch vermittelten, sozialen Kontakten bestehen bleiben. Die Verbreitung von Telearbeit darf daher nicht zur sozialen Isolation führen, die Arbeit im Wohnzimmer darf nicht als Verbannung aus betrieblichen Zusammenhängen erfahren werden. Sie muß zudem mit dem Recht auf Weiterbildung sowie mit dem Recht auf die Rückkehr an einen betrieblichen Arbeitsplatz verbunden werden.

Das positive Beispiel der Deutschen Postgewerkschaft soll Ihnen zeigen, daß sich die Gewerkschaften in Deutschland beherzt auf das Neuland der Dienstleistungsgesellschaft vorwagen. Wenn wir in diesem Land internationale Wettbewerbsfähigkeit erhalten und weitere Wettbewerbsvorteile im industriellen als auch im Dienstleistungsbereich erreichen wollen – und wir wollen das –, geht dies nur durch einen fairen Ausgleich der Interessen. Die Wünsche von Unternehmen müssen mit den Interessen und Bedürfnissen von Arbeitnehmerinnen und Arbeitnehmern vereinbar sein.

Bei der Gestaltung der zukünftigen Arbeitswelt, wie sie sich gegenwärtig abzeichnet, bieten die Gewerkschaften ihre Mitarbeit an. Sie bieten sich als qualifizierte Dienstleister an, um den Weg zu neuen Arbeitsformen – wie sie vor allem im Dienstleistungsbereich verstärkt auftreten werden – sozial und rechtlich zu gestalten. Statt einer weiteren Deregulierung brauchen wir neue Regeln. Neue Regeln zu formulieren heißt allerdings nicht, alte Regelwerke auf neue Beschäftigungsformen zu stülpen. Es gibt keine Patentrezepte, und vieles muß noch erprobt werden. Die Gewerkschaften bieten sich durch intelligente Konzepte für neue Regeln als sozialer Partner an. Ich gehe davon aus, auch auf modernisierungsfreudige Unternehmer und Manager zu treffen, die ihrerseits einen Beitrag dazu leisten, daß Gewerkschaften zu einer wachsenden Dienstleistungsbranche werden.

Es gibt bereits gute Erfahrungen mit einer „modernen" Zusammenarbeit von Unternehmen und Gewerkschaften. In der Auseinandersetzung über die Zukunft des Flächentarifvertrages liegen aus der IG Metall Vorschläge vor, die noch stärker als zuvor den unterschiedlichen Belangen der Unternehmen Rechnung tragen. Mit geregelten Wahlmöglichkeiten können auf Betriebe zugeschnittene Tarifverträge gestaltet werden. Maßgeschneiderte Tarifverträge auch für Existenzgründer und innovative Firmen sind für uns ebensowenig ein Fremdwort wie Tarifverträge für Firmen, deren Geschäft die Arbeitnehmerüberlassung ist.

Es gibt bei den Dienstleistungen ein weites Feld ungeregelter Beschäftigungsverhältnisse, bei denen oft eine schmale Trennungslinie zwischen sinnvollem Gebrauch und schädlichem Mißbrauch verläuft. Ich gehe so weit zu sagen, daß das klassische Normalarbeitsverhältnis – sozialversicherungspflichtig und durch das Arbeitsrecht reguliert – bald der Vergangenheit angehören wird, wenn wir nicht neue Formen der Regulierung finden. Die aktuelle Auseinandersetzung um die geringfügige Beschäftigung ist ja nur ein Beispiel dafür, daß die Basis unserer Arbeitswelt wie auch unserer Sozialversicherungssysteme sich an den Rändern auflöst.

Ich kann und will Ihnen heute keine Patentlösung für dieses Problem liefern. Ich weiß, daß wir den Wildwuchs, der entstanden ist, weil nicht rechtzeitig gegengesteuert wurde, kaum von heute auf morgen beseitigen können. Ich will auch keinen grauen oder schwarzen Arbeitsmarkt, auf dem sich Menschen ein Handgeld verdienen. Ich will mit den Arbeitgebern und der Politik über die sozial- und arbeitsrechtliche Gestaltung neuer Beschäftigungsverhältnisse jenseits des Normalarbeitsverhältnis sprechen. Ich werde die Initiative ergreifen, um gemeinsam Lösungswege zu diskutieren oder auch Lösungen zu finden. Die Beteiligten müssen an einen Tisch.

## Gewerkschaften und Dienstleistungen

Die Gewerkschaften in der künftigen Industrie- und Dienstleistungsgesellschaft werden ein neues Gesicht haben. Durch Ausgründungen und Aufspaltungen haben sich die Unternehmens- und Betriebsstrukturen so verändert, daß viele Betriebsräte heute schon gar nicht mehr wissen, wofür sie eigentlich noch zuständig sind. Die Umbrüche in der Unternehmensorganisation haben die Tarifvertragslandschaft in Bewegung gebracht. Viele Industriebetriebe haben einen Teil ihrer Beschäftigten in für sie günstigere Dienstleistungstarifverträge ausgegliedert. Dadurch sind selbst so geheiligte gewerkschaftliche Grundsätze wie unser Organisationsprinzip: „ein Betrieb – eine Gewerkschaft" ins Wanken geraten.

Der Sektor der privaten und auch der öffentlichen Dienstleistungen ist ein Feld, auf dem wir in hohem Maße Arbeitnehmerinnen und Arbeitnehmer organisieren wollen. Die Neuordnungsbestrebungen im Dienstleistungsbereich sind Ausdruck dafür, daß Gewerkschaften sich dem Strukturwandel stellen. Die Hamburger Erklärung von sechs DGB-Gewerkschaften und der Deutschen Angestellten-Gewerkschaft (DAG) eröffnet einen Rahmen, in dem sich eine Neuordnung vollziehen kann. Wir wollen diese Neuordnung nicht, um unsere Organisation zu erhalten. Dies ist ein legitimes Ziel, doch es geht uns um mehr. Gewerkschaften sind Selbstorganisationen von Arbeitnehmerinnen und Arbeitnehmern.

Wir wollen durch unser Handeln die notwendigen Voraussetzungen dafür schaffen, daß Beschäftigte ihre Interessen, ihre Kompetenz und ihre Motivation einbringen können. Der Weg in die Dienstleistungsgesellschaft in der Bundesrepublik Deutschland kann nur ein gemeinsamer Weg sein. Wir wollen durch Offenheit und Kooperation, durch unsere Schutz- und Gestaltungsmacht mit den Arbeitgebern, mit der Wissenschaft und mit der Politik, diesen Weg gehen. Wir wollen die bewährte Tarifpartnerschaft auch in der Dienstleistungsgesellschaft des 21. Jahrhunderts fortsetzen.

# 4. Kapitel

# Chancen

*Die Bedeutung von Dienstleistungen für die deutsche Wirtschaft ist offensichtlich: Dienstleistungen liefern den größten Beitrag zum Bruttoinlandsprodukt – mit steigender Tendenz. Nur im Dienstleistungssektor werden im Saldo neue Arbeitsplätze entstehen. Und wir wissen, daß Informations- und Kommunikationsdienstleistungen einen nachhaltigen Einfluß auf die Produktivitätsentwicklung und die internationale Wettbewerbsfähigkeit eines jeden Landes haben. Wie können wir die bislang noch ungenutzten Potentiale ausschöpfen? Wodurch lassen sich die Beschäftigungschancen im Dienstleistungssektor weiter verbessern?*

Ziel muß es sein, innovative Entwicklungen zu fördern und keinesfalls durch zu viel Regulierung wünschenswerte Entwicklungen zu ersticken.

Arne Börnsen wurde am 5. Oktober 1944 in Wilster (Holstein) geboren. Er studierte Schiffstechnik in Hannover und Hamburg und arbeitete zunächst bei der AG „Weser" als Planungsingenieur, seit 1983 im Werk Bremen der Daimler-Benz AG. Von 1980 bis 1983 und von 1987 bis 1997 war er Mitglied des Deutschen Bundestages. 1998 wurde er zum Vizepräsidenten der Regulierungsbehörde für Telekommunikation und Post ernannt.

# Der Telekommunikationsmarkt wird liberalisiert

*von Arne Börnsen*

## Ziel: Kostensenkung

Es ist wie beim Schiffbau, dem Fachbereich, aus dem ich ursprünglich komme: Der Entwurf eines Neubaus mag noch so überzeugend sein, mit neuen Denkansätzen, die verwirklicht werden sollen – wenn beim Stapellauf festgestellt wird, daß der Neubau nicht schwimmfähig ist, dann ist alles vergebens! So ist es auch mit der Dienstleistungsgesellschaft des 21. Jahrhunderts: Wenn es nicht gelingt, die Kosten der Informationsübertragung pro Zeiteinheit ganz wesentlich zu senken, dann wird das ehrgeizige Ziel nicht erreicht werden!

Auf dem zweiten debis Dienstleistungskongreß wird zutreffend von einem großen Wachstumspotential auf dem Markt der Dienstleistungen ausgegangen. Der Vergleich mit den USA, der schon auf dem 1. Dienstleistungskongreß genannt wurde, markiert die Ziele. Auf der Kostenseite werden in den USA Informationen zu zehn Prozent der Kosten übertragen – bei aller Vorsicht vor Vergleichen sollte das Ziel der Kosten- und Preissenkung in Deutschland ähnlich ehrgeizig gesetzt werden!

## Wettbewerb – Instrument zur Kostensenkung

Mit dem Telekommunikationsgesetz von 1996 hat der Deutsche Bundestag die Voraussetzungen für die Öffnung des

Marktes und damit für die Ausschöpfung des Marktpotentials gegeben. Das Monopol der Telekom AG, welches sich heute noch auf den Markt der Sprachübertragung bezieht und bis Mitte 1996 auch die entsprechenden Netze umfaßte, wird zum 31. Dezember 1998 beendet werden. Die Liberalisierung in Deutschland braucht international keinen Vergleich zu scheuen, ist geradezu beispielhaft. Jetzt wird es darauf ankommen, die gesetzlichen Ziele tatsächlich umzusetzen.

Das wesentliche Instrument wird die Schaffung von Wettbewerb sein. In der Diskussionsphase zum Telekommunikationsgesetz war noch von der Zulassung von drei, höchstens vier Wettbewerbern zur Telekom AG die Rede. Es wurde bei uneingeschränkter Marktöffnung von „unregulierbaren Zuständen" gesprochen, womit immer nur mehr oder weniger verdeckt die Interessen des Monopolisten gemeint waren. Die Tatsache, daß grundsätzlich keine Restriktionen bei der Lizensierung neuer Anbieter in das Gesetz aufgenommen wurden, ist jedoch die entscheidende Voraussetzung für die Entstehung eines neuen Marktes: Kleine und mittlere Unternehmen werden in Ergänzung zu den großen und flächendeckenden Sprachdienstanbietern nicht nur die Neuorientierung des Marktes von seiner Technologie- zur Diensteausrichtung verstärken, sondern auch wesentliche Impulse dafür geben.

Der Wettbewerb wird jedoch nicht „durch Handauflegen" entstehen, die Erwartungen mancher Vertreter einer konsequenten Liberalisierung, daß nämlich die Marktkräfte selbst in der Lage sein werden, die Umsteuerung vom Monopol zum Wettbewerb zu bewirken, ist falsch. Verschiedene internationale Beispiele sind ausreichend deutlich (Chile); wir sollten diese Diskussion als beendet ansehen.

Das Telekommunikationsgesetz sieht deshalb die Errichtung einer Regulierungsbehörde vor, die mit einer „ex-ante"-Preisregulierung der marktbeherrschenden Anbieter das Entstehen des Wettbewerbs fördern soll. Zentrales Ziel der Behörde soll also keine Regulierung im statischen Sinn sein, sondern eine markt- und wettbewerbsorientierte, dynamische, auf das Entstehen einer neuen Branche ausgerichtete Politik.

Ziel muß es sein, innovative Entwicklungen zu fördern und keinesfalls durch zu viel Regulierung wünschenswerte Entwicklungen zu ersticken. Dies gilt zum Beispiel hinsichtlich des Einsatzes von Funktechnologien, zum Beispiel zur Überwindung des „local loop", der letzten Meile zwischen neuem Telefonoperator und seinen Kunden. Das Innovationspotential dieses Marktes ist in Deutschland bei weitem nicht ausgenutzt, die Regulierung muß deshalb in einem sensibel gehandhabten Abwägungsprozeß zwischen restriktiver Vergabe knapper Frequenzen einerseits und der Öffnung neuer Marktsektoren und neuer Dienste andererseits entscheiden.

## Die Politik hat Großes geleistet

Es sei einem Politiker gestattet, selbst einmal die politische Leistung der Telekommunikationsreformen zu loben, gerade weil der Reformstau in anderen Politikfeldern unübersehbar ist. Beispielhaft wurde bewiesen, daß eine entschlossene und sachorientierte Politik, auch und besonders über die parteipolitischen Grenzen hinweg, zu nachhaltigen Veränderungen fähig ist.

Minister Schwarz-Schilling gab den Anstoß zur ersten Postreform zwischen 1987 und 1989. Aus der SPD-Opposition kam

1991 die Initiative zur Änderung des Grundgesetzes und damit zur Privatisierung der Unternehmen der ehemaligen Deutschen Bundespost, die 1994 vom Deutschen Bundestag beschlossen wurde. Und unter Postminister Bötsch und der Beteiligung der SPD-Bundestagsfraktion wurde das Telekommunikationsgesetz von 1996 beschlossen. Damit ist die Marktöffnung für Telekommunikationsdienste in einer erstaunlichen kurzen Zeit von der Politik ermöglicht worden, gegen erhebliche Widerstände, nicht zuletzt der Deutschen Postgewerkschaft. Letztere hat allerdings zwischenzeitlich ihre Blockadeposition geräumt und die geschaffenen Tatsachen akzeptiert. Ein Beispiel dafür ist der erste Tarifvertrag zur Teleheimarbeit, der zwischen Postgewerkschaft und Deutscher Telekom AG geschlossen worden ist.

## Verlagerung des Schwerpunktes von Technologien zu Diensten

Die Auswirkungen der Privatisierung und Marktöffnung auf den Arbeitsmarkt ist ein unter aktuellen Gesichtspunkten besonders wichtiges Thema, welches auch bei den Diskussionen mit der Postgewerkschaft eine große Rolle spielt und weiterhin spielen wird. Eine Marktöffnung, die lediglich ein Spiegelbild des bisherigen Monopolisten mit einigen neuen Anbietern wiedergibt, ist unzureichend: Das marktbeherrschende Unternehmen muß Arbeitsplätze abbauen, um produktiver und damit wettbewerbsfähig zu werden. Die neuen Anbieter werden in einem harten Preiswettbewerb stehen und bestrebt sein, Personalkosten zu minimieren. So weist eine Studie des Wissenschaftlichen Instituts für Kommunikationsdienste (WIK) einen

Arbeitsplatzanstieg nach Marktöffnung bis zu Beginn des nächsten Jahrzehnts aus, der dann jedoch wegen zurückgehender Investitionen eine Tendenzwende erfährt und ab dem Jahr 2005 zu einem spürbaren Arbeitsplatzabbau führen wird. Werden damit die Befürchtungen der Pessimisten bestätigt? Nein, denn diese Studie geht von der konservativen Ausrichtung auf Technologien aus: Angesichts steigender Produktivitätskennziffern auf der Grundlage digitaler Technologien können bestehende Dienste mit immer weniger Personal realisiert werden. Diese Annahme trifft für die neunziger Jahre zu, in denen insbesondere die Digitalisierung der Vermittlungstechnik einen großen Arbeitsplatzverlust bewirkte. Die Annahme ist außerdem bei Übertragung der vom Monopol geprägten Telekommunikationsphilosophie auf die Zukunft zutreffend, das bereits beschriebene Spiegelbild eines marktbeherrschenden Unternehmens mit wenigen Konkurrenten.

Die Zukunftsperspektive wird und muß jedoch anders aussehen: Die Technologie wird nicht nur die Grundlage für die produktivere Durchführung von Sprachdiensten sein, sondern Technologien werden selbst zum Verursacher neuer zusätzlicher Dienste und damit zum Motor einer dienstegeprägten Entwicklung. Wieder stellen die USA das Beispiel: Auf der Grundlage eines wesentlich geringeren Kostenniveaus wurden neue Informations- und Kommunikationsdienste ersonnen und angeboten, die zu einem erheblichen Arbeitsplatzgewinn führten. Und es sind hochqualifizierte Arbeitsplätze, nicht die hier in Deutschland denkfaul abqualifizierten McDonald's-Jobs.

Damit schließt sich der Kreis zur Voraussetzung geringerer Kosten für die Informationsübertragung und dem Entstehen neuer Dienste. Die Bedingungen vor dem 1. Januar 1998 sind gut. Warum also soll nicht gerade für den telekommunikationsgestützten Markt in Deutschland gelten, was mein Kollege Siegmar Mosdorf zum Wissenschaftsstandort sagte: „Warum nehmen wir uns nicht vor, wieder die Nummer Eins zu werden?" Es ist so, wir haben es uns vorgenommen!

Wenn unsere Spitzenuniversitäten in Lehre und Forschung nicht zu virtuellen Vororten für die Metropolen von morgen werden, verlieren wir weiter ökonomische Vorsprünge.

Siegmar Mosdorf wurde 1952 in Erfurt geboren. 1978 machte er seinen Abschluß als Diplom-Verwaltungswissenschaftler an der Universität Konstanz. Er war langjähriger Landesgeschäftsführer der SPD Baden-Württemberg (1981 bis 1990) und wurde 1990 in den Bundestag gewählt. Seine Arbeitsschwerpunkte sind Wirtschafts-, Forschungs- und Technologiepolitik. Seit 1996 ist Siegmar Mosdorf Vorsitzender der Enquete-Kommission „Zukunft der Medien in Wirtschaft und Gesellschaft".

# Arbeit 21

*von Siegmar Mosdorf*

## Gesellschaft der Zukunft – Information und Dienstleistung

Heute, an der Schwelle zum 21. Jahrhundert, vollzieht sich in raschem Tempo der Wandel von der traditionellen Industriegesellschaft zur ideenbasierten Informationsgesellschaft. Dabei nehmen die neuen Informations- und Kommunikationstechnologien sowie der Dienstleistungssektor eine Schlüsselrolle ein.

Seit Anfang der achtziger Jahre hat sich die Entwicklung im Bereich der neuen Informations- und Kommunikationstechnologien enorm beschleunigt. Immer leistungsfähigere Geräte und Netze und die zunehmende Verknüpfung verschiedener Anwendungen eröffnen ganz neue Perspektiven. Im Jahr 1960 gab es weltweit nicht mehr als 7000 Computer. 1971 wurde der staunenden Öffentlichkeit der erste Mikrochip präsentiert, der die Geräte schreibtischfähig machte. 1974 kam der erste Vorläufer des heutigen Personalcomputers auf den Markt. 20 Jahre später werden wir Zeugen eines Phänomens: Erstmals werden weltweit mehr Computer als Autos verkauft. Und die Tendenz ist weiter rapide steigend. 1996 wurden weltweit mehr als 65 Millionen Geräte verkauft.

Der Computer ist heute mehr als ein Recheninstrument und ein Forschungsmittel; er ist ein universales Werkzeug für alle produktiven Tätigkeiten. Viele sprechen bereits von einer

„dritten industriellen Revolution", die Wirtschaft und Arbeitswelt und somit auch unsere Gesellschaft grundlegend verändern wird. Die Informations- und Telekommunikationstechnologien haben durch die Digitalisierung von Wissen und Informationen die Kosten für die Informationsverarbeitung, -speicherung und -übertragung in den letzten 50 Jahren erheblich reduziert. Es ist nun möglich, Informationen mit Lichtgeschwindigkeit rund um den Globus zu schicken. Bisher bestehende räumliche und zeitliche Beschränkungen verschwinden. Wissen, das bislang an Menschen, Unternehmen und Standorte gebunden war, wird zum transferierbaren Gut.

Begleitet wird diese Entwicklung vom Wachstum im Dienstleistungssektor: Während der Anteil der Beschäftigten an der unmittelbaren Produktionsarbeit in Deutschland von 41 Prozent im Jahr 1970 auf 21 Prozent im Jahr 2010 sinken wird, werden heute bereits fast 50 Prozent der Bruttowertschöpfung im Dienstleistungssektor erwirtschaftet, wobei noch nicht einmal zehn Prozent der Forschungs- und Entwicklungsförderung in diesen Sektor fließen. Insbesondere an der Schwelle einer informationsbasierten Ökonomie verschieben sich diese Gewichte weiter. Nach einer Studie der Gartner Group schlüsseln sich die Cost of Ownership bei Software in 45 Prozent Training und Support, 20 Prozent Vertrieb und Installation, 20 Prozent Lizenz und 15 Prozent Verwaltung.

## Produktionsfaktor Wissen

Information und Wissen werden in der Informationsgesellschaft zu zentralen Wettbewerbsfaktoren. Als Ware, Produkt und Produktionsfaktor werden sie zum maßgeblichen Element der Unternehmenssteuerung und bestimmen den Wertschöpfungsprozeß. Das heißt nur durch die verstärkte Entwicklung und Anwendung dieser Faktoren läßt sich, insbesondere in den hochentwickelten Ländern, der Wohlstand durch Wertschöpfung sichern.

Der Wertschöpfungsprozeß in den Unternehmen richtet sich zunehmend an Informationsprozessen aus. Wirtschaftszweige, welche Informationen und Wissen verkaufen, gehören heute zu den Wirtschaftssektoren mit den höchsten Wachstumsraten. Neben den Finanz- und Beratungsdienstleistungen und den Mehrwertdiensten ist hier vor allem die Medienwirtschaft zu nennen. Zunehmend werden Informationen auch in andere Güter und Dienstleistungen integriert und führen dadurch zu einer Wertsteigerung. Es entstehen sogenannte „smart products", das heißt Produkte, die mit Hilfe integrierter technischer Intelligenz dem Käufer frühzeitig Funktionsstörungen anzeigen oder sich per Zuruf steuern lassen.

## Beschäftigung durch Information und Dienstleistung

Gingen erste Prognosen von EU-Kommissar Bangemann von bis zu fünf Millionen neuen Arbeitsplätzen durch Multimedia allein für Deutschland aus, herrscht heute eine realistischere Sicht vor. Multimedia ist ein Januskopf mit zwei Gesichtern: sowohl Beschäftigungsmotor als auch Produktivitätstechnologie. Eine Untersuchung der Unternehmensberatung Arthur D. Little kam zu dem Ergebnis, daß erst nach dem Jahr 2000 die TIME-Branchen (Telekommunikation, Informationstechnik, Medienindustrie, Elektronik) den Arbeitsplatzabbau auffangen können, der vorher durch diese Technologie ausgelöst wird. Per Saldo werden deutsche Anwender- und Anbieterbranchen in den nächsten 15 Jahren rund 210 000 Arbeitsplätze zusätzlich schaffen.

Bis zum Jahr 2000 ist in den Anwenderbranchen mit einem Beschäftigungsrückgang um rund 760 000 Arbeitsplätze durch Rationalisierung und Verlagerung zu rechnen. Insgesamt übersteigen die Rationalisierungswirkungen die TIME-bedingten neuen Arbeitsplätze: Es kommt bis zum Jahr 2000 in den Anwenderindustrien zu einem TIME-bedingten Verlust von rund 14 000 Arbeitsplätzen.

Erst nach der Jahrtausendwende wird sich die Situation entspannen: Bis zum Jahr 2010 wird zwar ein weiterer Rückgang um 150 000 Arbeitsplätze prognostiziert, aber gleichzeitig entstehen in den Anwenderindustrien 71 000 zusätzliche Arbeitsplätze. Zu einem Stellenabbau wird es dabei in den Bereichen Finanzdienstleistungen, Handel, Touristik, Verarbeitendes Gewerbe und beim Staat kommen, wobei der Beschäftigungsrückgang beim Staat am stärksten ausfallen wird. Neue Arbeitsplätze entstehen dagegen in den Branchen Logistik, Verkehr, sonstige Dienstleistungen, Bildung und Wissenschaft sowie Gesundheitswesen.

In den TIME-Anbieterbranchen werden durch das rasante Wachstum bis zum Jahr 2000 in Deutschland rund 24 000 Arbeitsplätze und in den folgenden zehn Jahren weitere 129 000 entstehen. Außerdem verbessern TIME-Anwendungen die Wettbewerbsfähigkeit deutscher Unternehmen und tragen so in Deutschland zum Erhalt von rund 1,2 Millionen Arbeitsplätzen bei.

## Qualifikationsanforderungen und neue Berufe

Ein Artikel in einem Sonderheft der Zeitschrift GEO zum 21. Jahrhundert machte mit der Überschrift „Der Sieg der weißen Kragen und das Ende der Knochenarbeit" auf. Dieser Satz zeigt deutlich die Ambivalenz von Beschäftigung und Informationsgesellschaft. Die blauen Kragen verlieren, während gleichzeitig, sogar vielleicht innerhalb des gleichen Unternehmens, neue Arbeitsbereiche mit neuen Anforderungen und Aufgaben entstehen. Der Einsatz der Informations- und Telekommunikationstechnologien führt zu einer Polarisierung von Arbeitsplatzanforderungen: Einerseits wird in der Serviceverrichtung ein Betätigungsfeld für Angelernte entstehen, andererseits wird in der Produkt- und Serviceerstellung zunehmend hohe Qualifikation gefragt sein.

Dabei werden die höherqualifizierten Tätigkeiten quantitativ stärker zunehmen. Prognosen gehen davon aus, daß im Jahr 2010 der Anteil der höherqualifizierten Tätigkeiten in Deutschland bei fast 40 Prozent liegen wird. 1985 waren es 28 Prozent. Die einfachen Arbeiten dagegen werden von 27 Prozent auf 17 Prozent zurückgehen. Qualifikation und Weiterbildung werden wesentliche Faktoren für die Chance auf eine dauerhaft stabile Beteiligung am Arbeitsleben. Gleichzeitig nimmt aufgrund der schnellen technologischen Entwicklung die Halbwertszeit des Wissens ab. Deshalb wird die Weiterbildung neben schulischer, beruflicher und universitärer Ausbildung eine immer wichtigere Rolle einnehmen. Lebenslanges Lernen wird zum Erfolgsfaktor in der Informationsgesellschaft. Projektideen wie „IQ-TV" (Interaktives Qualifizierungs-Fernsehen) und „QuaN" (Qualifikation ans Netz) werden eine große Bedeutung gewinnen.

Der Einsatz neuer Technologien verändert Aufgabenbereiche und Berufsbilder; neue qualifizierte Tätigkeiten und Berufe entstehen zum Beispiel in den Bereichen Multimediakonzeption, Multimediadesign, Multimediaprogrammierung und Multimediamanagement. Es wird in Zukunft nicht nur um die Entwicklung neuer Technik, sondern auch um sinnvolle neue Anwendungen für vorhandene technische Möglichkeiten gehen. Diese Aufgaben erfordern nicht nur technisches Knowhow, sondern auch fachspezifische Kenntnisse in den Bereichen, für die diese Anwendungen entwickelt werden, und nicht zuletzt vor allem Kreativität. Kaum ein mittleres oder größeres Unternehmen kann heute auf einen der neuen Kernberufe Konzeptioner (Entwicklung von Konzeptionen für Multimediaanwendungen), Screendesigner (graphische Gestaltung der Anwendungen), Multimediaprogrammierer (Umsetzung der multimedialen Produktion auf dem PC) und Multimediamanagement (Realisierung des Multimediaprojektes im Team und Beratung der Kunden) verzichten. Aber auch außerhalb des Multimediasektors werden Service, Support und kundenorientierte Dienstleistungen neue Berufsbilder und Qualifikationsanforderungen hervorbringen.

## Globalisierung und Virtualisierung

Die Weltwirtschaft befindet sich in einem schnellen Globalisierungsprozeß und steuert auf eine quasi grenzenlose Weltwirtschaft zu. Globalisierung impliziert dabei vernetzte Systeme interdependenter Volkswirtschaften und das Ende geschützter Märkte. Ausschlaggebend für Unternehmensentscheidungen ist heute nicht mehr der „Standort Deutschland", sondern zum Beispiel „Made by Daimler-Benz" oder „Made by Siemens" – unabhängig davon, wo auf der Welt sich der Standort des Unternehmens befindet. Zugleich setzt eine Verlagerung des Schwerpunktes der Weltwirtschaft in den asiatisch-pazifischen Raum ein. Im Jahr 2000 werden allein in Asien 50 Prozent der Menschen leben und dort 36 Prozent des Weltsozialprodukts herstellen. Wenn die Exporte des Exportweltmeisters Deutschland heute aber immer noch zu 71 Prozent nach Europa, aber zu knapp fünf Prozent nach Asien gehen, müssen wir darauf achten, daß Deutschland nicht von dem sich vollziehenden Wandel der Weltwirtschaft abgekoppelt wird.

Die Tendenz zur Globalisierung wird durch technische Innovationen in den Bereichen Digitaltechnik, Mikroelektronik und Telekommunikation noch beschleunigt und verstärkt. Mit Hilfe von Datennetzen können Mitarbeiter eines Unternehmens von verschiedenen Orten der Welt an einem gemeinsamen Projekt arbeiten. Aufgaben können über die Zeitzonen der Erde hinweg im Dreischichtbetrieb rund um die Uhr organisiert werden. Es entstehen ganz neue Typen der Arbeitsteilung. Die Produktentwicklung kann durch Teleengineering simultan, arbeitsteilig und räumlich ungebunden stattfinden. Im dänischen Unternehmen Oticon, dem drittgrößten Hörgerätehersteller der Welt, hat beispielsweise kein Mitarbeiter mehr einen festen Schreibtisch, selbst der Vorstand nicht. Papier ist aus den Büros verbannt. Die Zusammenarbeit erfolgt hauptsächlich über vernetzte Computer. Multimedia sichert die Abstimmung zwischen den „virtuellen" Teams, ort- und zeitunabhängig. Tätigkeiten, die bisher aufgrund der dafür erforderlichen Informationen und Infrastrukturen im Großen erfolgen mußten, lassen sich jetzt auch von kleinen Einheiten bis hin zu Einmannunternehmen betreiben. Beispielsweise Informationsbroker- und Finanzdienstleistungen, Softwareerstellung und -beratung, Produktionsagenturen, Auskunftsdienste, Versandgeschäfte in Kooperation mit innovativen Einzelhandelsformen, Kommunikations- und Datashops, Franchisekonzepte im Handel und in der Freizeitindustrie, neue Formen der dezentralen Gesundheitsbetreuung (Telemedizin). Natürlich wird es weiterhin Branchen geben, die große Unternehmenseinheiten erfordern wie die Chemie- oder die Automobilindustrie; aber bei vielen Tätigkeiten wird es in Zukunft keine Rolle spielen, von wo aus sie verrichtet werden. Die über Datennetze möglich werdende elektronische Mobilität des Faktors Arbeit schafft neue Möglichkeiten der Beschäftigung in der globalen Handelszone „Weltmarkt." Die heute bekannten Beispiele sind nur die Spitze eines Eisberges: American Airlines beschäftigt bereits heute mehr als 1000 Informatiker in Barbados und in der Dominikanischen Republik, die New York Life Insurance Company läßt Schadensfälle nicht in New York, sondern in Irland mit Online-Systemen bearbeiten, Texas Instruments läßt Computersoftware in Indien entwickeln. Die Programmierleistung für Computersoftware ist heute in Indien höher als im Silicon Valley.

## Neue Selbständigkeit

Technologische Möglichkeiten und Netze führen nicht nur zu einer Flexibilisierung der Arbeitszeiten und Produktionsprozesse, sondern lassen dadurch auch neue Anwendungen und Dienstleistungen entstehen. Diese „Neue Selbständigkeit im Netz" kann neue berufliche Perspektiven bieten. In Großbritannien wird jeder Telearbeiter, der sich selbständig macht, von British Telecom mit einem Sonderrabatt für seine beruflichen Kommunikationskosten unterstützt. Deutschland liegt bisher mit einer Selbständigenquote von 8,7 Prozent (gegenüber 17 Prozent im Jahr 1969) eher auf einem unteren Rang im Vergleich mit anderen OECD-Ländern. Dabei kommt Existenzgründungen, die im Durchschnitt vier neue Arbeitsplätze schaffen, sowohl unter arbeitsmarkt- als auch unter wirtschaftspolitischen Gesichtspunkten eine große Bedeutung zu.

Allerdings wird durch die Auslagerung betrieblicher Funktionen auch eine Ausweitung von abhängiger Selbständigkeit ausgelöst. Das Institut für Arbeitsmarkt- und Berufsforschung (IAB) geht heute von bis zu 938 000 Menschen hauptberuflich und 1,5 Millionen nebenberuflich aus, die unter die Bezeichnung „Scheinselbständigkeit" fallen. Vor diesem Hintergrund ist es auch im Zuge der informations- und kommunikationstechnologischen Auslagerungen wichtig, hier für Betroffene Rechtssicherheit zu schaffen.

Diese Entwicklung wird auch sozialpolitische Konsequenzen haben: In Deutschland sind rund zwei Drittel der Beschäftigungsverhältnisse als „Normalarbeitsverhältnisse" zu bezeichnen. Es ist zu erwarten, daß der Anteil der Nicht-Normbeschäftigung sich in Deutschland auf 50 Prozent zubewegt. Aufgabe der Politik ist es, hier einen entsprechenden Rahmen für Flexibilität und Offenheit zu schaffen und gleichzeitig die Mechanismen der sozialen Absicherung so zu refomieren, daß für den einzelnen Beschäftigten keine unzumutbaren Risiken entstehen.

Wir brauchen jedoch vor allem eine neue Kultur der Selbständigkeit, die Risikobereitschaft und persönlichen Einsatz fördert. In Deutschland steht Risikokapital für innovative, junge Unternehmer immer noch nicht in ausreichendem Ausmaß zur

Verfügung. In den USA hat der Venture-Capital-Markt ein Volumen von rund 60 Milliarden DM, in Deutschland gerade einmal ein Zehntel dieser Summe. Dabei zeigen die Erfolge kalifornischer Informationstechonolgieunternehmen, daß Mut zum Risiko belohnt wird.

## Globalisierung und Internationalisierung der Bildung

Eine zentrale Rolle bei der Gestaltung unserer Zukunft wird in der Rolle der Bildung liegen. Auch hier lohnt ein Blick über den Atlantik: Eine der angesehensten Ausbildungs- und Forschungseinrichtungen der Welt, das Massachusettes Institute of Technology (MIT) in Boston, hat jetzt eine Bilanz vorgelegt: Von den MIT-Absolventen wurden bisher 4000 Unternehmen mit inzwischen 8500 Fabriken gegründet. Die von MIT-Absolventen gegründeten Unternehmen beschäftigen inzwischen 1,1 Millionen Menschen und erwirtschaften einen jährlichen Umsatz von 232 Milliarden US-Dollar. Das entspricht ungefähr dem Bruttosozialprodukt der Republik Südafrika. Und die Wertschöpfung unter der Leitung der MIT-Absolventen wurde in der Summe so groß wie die 24. größte Volkswirtschaft der Welt. Zu den Absolventen gehörten unter anderem William R. Hewlett, William F. Rockwell und zum Beispiel James S. Mc Donnell. Ähnliches finden wir in Stanford/Kalifornien: Das Computer-Haus SUN geht auf Stanford University Network zurück. Diese Erfolgsgeschichten würde man sich auch von deutschen Universitäten wünschen: Universitätsstädte als „Quellenstandorte" für erfolgreiche Unternehmensgründungen.

Aber leider sind unsere Universitäten heute in der Welt nicht mehr so angesehen, wie das noch in den siebziger Jahren der Fall war. Damals studierten die Asiaten selbstverständlich in Deutschland. Der indonesische Infrastrukturminister hat in Deutschland Ingenieurwissenschaften studiert, und viele Inder, die heute Forschungslabors der chemischen Industrie in der ganzen Welt leiten, haben ebenfalls bei uns studiert. Heute studieren 42 000 Japaner in den USA und 1230 in Deutschland, 36 000 Inder dort und 600 bei uns, 12 000 Indonesier in den USA und 500 bei uns. Deutschland ist also nicht mehr die erste Adresse für die Universitätsausbildung in der Welt. Und es handelt sich ja nicht nur um Studenten, sondern um die Geschäftspartner von morgen. Deutschland hat ökonomische und technologische Vorsprünge verloren.

An unseren Hochschulen studieren zwei Millionen Studenten auf einer Million Studienplätzen, das Studium dauert oft zu lange, die Vorlesungen werden nicht in der Weltsprache Englisch gehalten, und die Abschlüsse unserer guten Fachhochschulen werden international noch immer nicht anerkannt. Das Studieren ist nicht praktisch-umsetzungsorientiert und oft inhaltlich methodisch veraltet. Das gilt nicht nur für die Wirtschaftswissenschaften, zu denen man heute ohnehin sagen muß: The economies change faster than the economics.

Auch in der Hochschulpolitik ist es also höchste Zeit, damit aufzuhören, „Traditionen in traditioneller Weise zu verteidigen" (Anthony Giddens), sondern mit innovativen Konzepten Qualifikation, Bildung und Forschung wieder ins Zentrum der gesellschaftlichen Anstrengungen zu rücken. Daß Wissen in der Informationsgesellschaft des 21. Jahrhunderts eine immer zentralere Rolle einnimmt, muß sich auch eine Bundesregierung ins Stammbuch schreiben lassen, die den Forschungsetat in den letzten zehn Jahren um real 30 Prozent gesenkt hat.

Mehr als in der Vergangenheit gilt in einer globalisierten Weltwirtschaft: Wissen = Vorsprung. Die neuen Rohstoffe heißen Wissen und Qualifikation. Da die Informationsgesellschaft nicht automatisch eine „informierte" Gesellschaft ist, brauchen wir heute aber auch wieder mehr klassische Bildung, mehr Schlüsselqualifikationen zum Selektieren, Einordnen und Bewerten von Informationen und Medienkompetenz. Zugleich bietet die Informationstechnik aber auch neue Chancen für eine Internationalisierung der Ausbildung. Zehn amerikanische Universitäten bieten schon jetzt Lehrveranstaltungen im Internet an.

Warum kann man an deutschen Universitäten nicht virtuelle Lehrveranstaltungen mit den besten Professoren der renommiertesten Universitäten der Welt organisieren? In Bangalore werden pro Jahr mehr Softwareingenieure ausgebildet als in ganz Westeuropa. Bangalore wird mit diesen Ingenieuren immer mehr zu einem virtuellen Vorort der Industriestaaten, wo diese ihre EDV-Arbeiten erledigen lassen. Wenn unsere Spitzenuniversitäten in Lehre und Forschung nicht zu virtuellen Vororten für die Metropolen von morgen werden, verlieren wir weiter ökonomische Vorsprünge.

Es gibt auch positive Entwicklungen: So etwa plant gerade der französische Literaturwissenschaftler mit einer Managerkarriere bei Citroën, Renault und VW, Daniel Goeudevert, mit Unterstützung aus Nordrhein-Westfalen und der Europäischen Union einen neuen Typ von Universität mit einer mehrsprachigen dualen wissenschaftlichen Ausbildung in Dortmund. Solche „Vögel im Aquarium" können unserem

Hochschulsystem nur guttun, weil damit der Qualitätswettbewerb angespornt wird.

Trotzdem: Das ist lediglich ein Tropfen auf den heißen Stein. Unsere Hochschulen müssen endlich grundlegend reformiert und mehr gefördert werden; sie müssen internationalisiert, ihre Qualität muß verbessert und das Studium muß praxisorientierter werden. Die Qualität der Ausbildung entscheidet auch über die Zukunft unserer Arbeitsplätze. Denn: „Lernen ist wie Rudern gegen den Strom, wer aufhört, fällt zurück." (Benjamin Britten)

## Dienstleistungen als Chance

Wenn wir uns den Herausforderungen stellen und den Wandel zur Informations- und Dienstleistungsgesellschaft zügig vorantreiben, können wir die Chancen für unser Land nutzen. Eine Industrienation wie Deutschland kann es sich nicht leisten, den technologischen Fortschritt zu verschlafen. Wenn Deutschland auch in Zukunft auf den Märkten wettbewerbsfähig sein will, kann auf die Informations- und Kommunikationstechnologien nicht verzichtet werden. Wir müssen in der Liga der Wirtschaftsnationen wieder in vorderster Reihe mitspielen: ideenreich innovativ mit neuen Produkten, neuen Produktionsverfahren und neuen Dienstleistungen. Denn nur so ist eine langfristige Sicherung des Standortes Deutschland und somit auch die Schaffung und Sicherung zukunftsfähiger Arbeitsplätze möglich.

Arbeit 21, Arbeiten in der Informationsgesellschaft des 21. Jahrhunderts, heißt für die OECD-Volkswirtschaften, vor allem neue qualifizierte Dienstleistungen zu organisieren.

Wir als Gesellschaft müssen es schaffen, auf einer gesamtwirtschaftlichen Ebene ein Netzwerk aufzubauen, das Existenzgründer unterstützt und Innovationen vorantreibt.

Paulus Neef, 1960 in Gütersloh geboren, studierte Publizistik und Marketing in Berlin. Nach dem Studienabschluß baute Paulus Neef den digitalen Fernsehsender SK4 auf und betreute bei der Firma Cinepool die Bereiche Marketing und Akquisition. 1991 gründete er die Firma Pixelpark, deren geschäftsführender Gesellschafter er heute ist. Seit Herbst 1995 ist Paulus Neef Präsident des deutschen Multimedia Verbandes und seit 1996 Vizepräsident der European Multimedia Federation.

# Dienstleistungen als Chance für Existenzgründer

*von Paulus Neef*

## Multimedia ist eine Chance für Dienstleister

Der Markt ist übersättigt mit Produkten, die sich nur noch durch ihr Etikett voneinander unterscheiden. Die Herausforderung heißt Individualisierung, und hier zeigt sich die besondere Qualität der Neuen Medien. Relationship-Marketing und One-to-one-Kommunikation sind die Schlagworte des modernen Online-Marketing. Der Rezipient wird zum Partner, der Kunde kann die gewünschte Leistung nach Bedarf abrufen, und er wird in die Produktentwicklung involviert. Dialog und Feedbackauswertung entwickeln sich zum unverzichtbaren Kapital für das Marketing und ermöglichen ein dynamisches Wechselspiel zwischen Angebot und Nachfrage. Das Internet öffnet neue Schnittstellen zur Telekommunikation, zu elektronischen Medien und Geräten des täglichen Gebrauchs. Interaktivität, Feedback, Individualität und Service werden Bestandteil unserer alltäglichen Umgebung.

Dabei eröffnen sich unaufhörlich neue Felder für Existenzgründungen, da laufend neue Problemlösungen denkbar und realisierbar werden. Der Deutsche Multimedia Verband (dmmv) ist in den letzten beiden Jahren von 8 auf 350 Mitglieder angewachsen – alles Firmen, die sich gerade erst gegründet haben. Zudem bietet der heutige Stand der Technik bislang ungeahnte Möglichkeiten zur Gestaltung von Abläufen und Inhalten. Hier liegt die Chance für kleine Dienstleister, sich mit modernen und unkonventionellen Serviceangeboten im Markt zu etablieren. Derzeit gibt es rund 800 Multimediafirmen in Deutschland. Typisch ist dabei eine Unternehmensgröße von fünf bis zehn Mitarbeitern, die als Entwickler eine bestimmte Nische besetzen.

## Pixelpark – Existenzgründung mit Multimedia

Viele Zukunftsszenarien für den Multimediamarkt orientieren sich meines Erachtens einseitig an den technischen Möglichkeiten statt am Kundennutzen. Daher werden häufig die falschen Diskussionen geführt. Die hohe Kunst besteht darin, Technologie- und Marktorientierung so zu verbinden, daß der technische Fortschritt dem Menschen – ob Mitarbeiter oder Kunde – wirklich nutzt. Genau das war die Gründungsidee von Pixelpark: nutzenorientierte Gestaltung der Schnittstelle zwischen Mensch und Maschine.

Der Mensch ist im Grunde ein analoges Wesen. So auch ich. Ich habe eine humanistische Ausbildung hinter mir, bin also kein Techniker und begegne den Neuen Medien daher gleichzeitig mit Begeisterung und mit Distanz. Es geht darum, Perspektiven zu erweitern.

Der Firma Pixelpark ist dies offensichtlich gelungen. Im März 1991 habe ich mit zwei Freunden die Produktion von Multimediaanwendungen begonnen und Pixelpark gegründet. Heute bietet Pixelpark mit 140 Mitarbeitern Fullservice für Neue Medien, als Agentur, Systemhaus und Consultingunternehmen. Wir realisieren sowohl Einzellösungen als auch Gesamtkonzepte in den Geschäftsbereichen Electronic Commerce, Electronic Finance, Electronic Marketing und Electronic Advertising. Das Leistungsspektrum reicht somit von der Umsetzung eines einzelnen Internet-Auftritts über die Produktion digitaler Kataloge auf CD-ROM bis hin zur Beratung bei der vollständigen elektronischen Abwicklung von Geschäftsprozessen.

Pixelpark hat also eine zweifache Beziehung zum Thema. Wir helfen unseren Kunden, ihre Dienstleistungen zu optimieren. Wir sind dabei aber unsererseits ebenfalls Dienstleister. Denn auch wenn das Ergebnis unserer Arbeit Software ist, würde ohne Beratung, Schulung, Prozeßintegration und eine Reihe weiterer Dienstleistungen keine erfolgreiche Lösung für unsere Kunden entstehen. Und darin liegt für mich der Kern der Dienstleistung: unseren Kunden zu helfen, erfolgreich zu sein. Wem dies gelingt, der wird selbst Erfolg haben.

## Moderne Arbeitsformen und Strukturen

Für Pixelpark als Multimedia-Agentur gab und gibt es aber noch einige weitere Faktoren. Multimediafirmen haben die modernsten Arbeitsformen und leben diese auch gegenüber ihren Kunden vor:

- Aufgrund der heutigen technischen Möglichkeiten arbeiten wir in vernetzten Systemen.

- Die Menschen bei uns zeichnen sich aus durch ihre interdisziplinäre Zusammenarbeit, ihre Technikaffinität und ihre Begeisterung für alle Aspekte der Kommunikation. Das ist wichtig, denn die Oberflächen, denen Sie als User später gegenübersitzen, vereinen unterschiedliche Elemente und Bereiche.

Multimedia als Prinzip bedeutet: Integration, Interaktion und Vernetzung. Jeder dieser drei Faktoren ist wichtig. Dieses Prinzip spiegelt sich heute bei uns in den Unternehmensstrukturen und den Arbeitsprozessen.

Und es überträgt sich durch Themen wie Electronic Commerce, Electronic Finance und Electronic Marketing mehr und mehr auf unsere Kunden. Das Ergebnis sieht dann so aus:

- Prozesse laufen parallel nebeneinander ab statt wie bislang sequentiell hintereinander.

- Organisationsformen sind dezentral und interdisziplinär statt wie bislang zentral und funktional.

- Flache Hierarchien lösen das Pyramidenmodell ab, wodurch persönliche und fachliche Kompetenz und Eigenverantwortung gegenüber der Bürokratie zum Zuge kommen.

- Der ständige Wechsel zwischen dem individuellen Abarbeiten von Arbeitspaketen und Teamarbeit wird zur Normalität. Dadurch wird Schnittstellenkompetenz in Zukunft gefragter denn je sein, und freie Mitarbeiter sorgen für flexible Strukturen. Das ist dann auch Grundlage für das Teleworking.

Aber eines muß uns trotz immenser Technologieschübe immer bewußt bleiben: Die Einführung neuer Technologien glückt nur dann, wenn sie in die Unternehmenskultur eingebettet ist. Das geht nicht ohne Unterstützung bezüglich des Cultural Change und des Wissensmanagements. Bei der Implementierung heißt das Hilfe für den Menschen, denn dieser ändert sich nicht so schnell wie die Technik.

## Vision und Strategie

Für die Unternehmensstrategie ist zudem die gleichzeitige Orientierung an Märkten und Technologien wichtig. Es kommt darauf an, Märkte, Trends und Technologien frühzeitig zu erkennen, um immer einen Schritt vor den anderen zu sein. Dabei sind wir auch bereit, unkonventionelle Themen aufzugreifen und Wege zu beschreiten, die vorher noch keiner gegangen ist.

Beispiel Corporate Change: Gut ausgebildete und erfahrene Multimediafachleute sind heutzutage Mangelware. Pixelpark ist daher inzwischen zum Jagdrevier für Headhunter geworden. Das ist zunächst eine Bedrohung für uns. Aber man kann den Spieß auch umdrehen und so eine Chance daraus machen. Wenn heute gute Multimediafachkräfte fehlen, dann muß man dafür sorgen, daß sie praxisgerecht ausgebildet werden, und dann kann man Unternehmen durch Beratungsleistungen für die Personalentwicklung und Organisationsentwicklung in diesem Bereich unterstützen. Genau das tun wir heute mit unserem neuen Geschäftsbereich Corporate Change.

Wichtig ist aber auch das Vorhandensein von Visionen, aus denen klare Ziele und realistische Pläne abgeleitet werden. Ich hatte schon früh eine klare Vision der Mediengesellschaft von morgen vor Augen, die mir bei der Gründung und dem Aufbau von Pixelpark half. Unser Ziel ist es, Multimediastandards zu setzen. Dabei stehen Menschen – genauer gesagt Anwender, Kunden und Mitarbeiter – im Mittelpunkt unseres Handelns, denn ihnen wollen wir ja letztlich einen Dienst erweisen.

Auch hierzu ein aktuelles Beispiel: Zur Zeit wird in der Öffentlichkeit intensiv über die Konvergenz von PC und TV diskutiert. Meines Erachtens wird auch diese Diskussion völlig falsch aufgezogen. Denn entscheidend ist auf den heutigen Käufermärkten doch nicht, was faktisch angeboten wird, sondern wie der Kunde dies wahrnimmt. Und hier sehe ich keine Konvergenz, denn der PC wird im Arbeitszimmer genutzt, das Fernsehen jedoch im Wohnzimmer. Dahinter stehen in der Rezeption der Konsumenten unterschiedliche Lebensbereiche. Entscheidend für den Erfolg aller technologischen Bemühungen wird daher sein, ob es hier eine Konvergenz geben wird.

## Typische Hürden der Existenzgründung

Ich glaube, Pixelpark ist nur ein Beispiel von vielen, und es zeigt, welches Potential zur Schaffung von Arbeitsplätzen und zur Sicherung des Standortes Deutschland im Dienstleistungsbereich steckt. Um dieses Potential auszuschöpfen, muß uns vor allem eines klar werden und ständig im Bewußtsein bleiben: Wir sind alle Dienstleister – für unsere Kunden, unsere Mitarbeiter, unsere Mitbürger. Und Multimedia ist ein Weg, um die Qualität unserer Dienstleistungen zu steigern.

Schwierigkeiten bei der Existenzgründung habe ich glücklicherweise nicht erlebt. Wohin ich kam, rannte ich im Grunde offene Türen ein. Das war sicherlich ein Glücksfall und, wie ich aus meinem persönlichen und beruflichen Umfeld weiß, auch eine Ausnahme. Heutzutage treffen Existenzgründer meist auf eine Reihe typischer Hindernisse. Man hat zwar vielversprechende, innovative Produktideen, aber das Managementwissen und die nötige Erfahrung über Kapitalbeschaffung, Marketing und Personalführung fehlen.

- Viele haben keinerlei Erfahrung im Umgang mit Banken. Bankangestellte und Existenzgründer sprechen häufig zwei unterschiedliche Sprachen. Viele Existenzgründer tun sich schwer mit dem formalisierten Prozedere der Kreditvergabe. Und da sie die Formalien nicht beherrschen, bekommen sie kein Fremdkapital. Typischerweise beginnt dann das Klinkenputzen, das den Existenzgründer von einer Bank zur nächsten führt. Das sind die vielen guten Ideen, die erst gar nicht zu einer Existenzgründung führen.

- Nach erfolgreicher Gründung kann unzureichendes kaufmännisches Know-how in der Finanzplanung zu finanziellen Engpässen und zum Konkurs in den ersten drei Jahren führen.

- Ein weiteres Problem liegt in den unterschiedlichen Anforderungen an das Persönlichkeitsprofil der Unternehmer in den verschiedenen Phasen der Existenzgründung. Zu Beginn ist vor allem der Entwicklungsprofi gefragt, der mit Kreativität neue Ideen produziert und das technische Konzept bis zur Marktreife entwickelt. Danach braucht man aber eher einen Marketing- und Vertriebsprofi, der das Produkt unter die Leute bringt. Das Problem dabei ist, daß man die beiden unterschiedlichen Qualifikationen nur selten in Personalunion bei demselben Menschen findet.

## Ein Netzwerk für Existenzgründer

Was bedeutet das nun? Es bedeutet, daß der Einzelkämpfer im Regelfall nicht erfolgreich sein wird. Wir als Gesellschaft müssen es schaffen, auf einer gesamtwirtschaftlichen Ebene ein Netzwerk aufzubauen, das Existenzgründer unterstützt und Innovationen vorantreibt.

- Einen Ansatz dazu bietet das von Bundespräsident Herzog einberufene Steering Commitee zur Förderung von Innovationen am Standort Deutschland, in dem auch ich mitwirke.
- Eine weitere Möglichkeit kennen wir aus den USA. Dort steht man Existenzgründern sehr aufgeschlossen gegenüber: Venture-Capital-Firmen unterstützen Existenzgründer mit Kapital und betriebswirtschaftlichem Know-how. Auch in Deutschland sind entsprechende Ansätze zu erkennen, werden aber noch viel zu wenig genutzt.

Ich glaube, wir sollten nun endlich zur Tat schreiten, um Existenzgründern ihren schwierigen Weg zu erleichtern. Einen ersten Schritt dazu sehe ich in der Gründung eines heterogen besetzten, überregionalen Netzwerks, wie dies Klaus Mangold vorgeschlagen hat. Darin könnten erfahrene Unternehmer und Existenzgründer vielversprechenden Start-ups mit Rat und Tat zur Seite stehen.

Die Zeit des Lamentierens ist vorbei. Wir müssen jetzt zur Tat schreiten, um Existenzgründern den Boden zu bereiten. Und damit sind auch die Politiker angesprochen, denn bislang predigen sie Wein, verteilen aber Wasser.

Die neuen Informations- und Kommunikationsdienstleistungen ermöglichen es auch, die Grenzen zwischen den Lebensbereichen aufzulösen und sie – wie in den vorindustriellen Zeiten – wieder zueinander zu bringen.

Prof. Dr. André Büssing studierte Mathematik, Physik, Sozialwissenschaften und Psychologie an der Technischen Hochschule Aachen, promovierte und habilitierte anschließend im Fach Psychologie. Seit 1988 ist André Büssing als Professor und Ordinarius für Psychologie mit dem Schwerpunkt Arbeits- und Organisationspsychologie zunächst an der Universität Konstanz und seit 1993 an der Technischen Universität München tätig.

# Informatisierung, Globalisierung und Individualisierung

*von André Büssing*

Der Wandel moderner Industrie- zu sogenannten Dienstleistungsgesellschaften ist kein neues, gleichwohl ein aktuelles Thema. Denn Dienstleistung ist gesellschaftliche Arbeit, Dienstleistungen versprechen Arbeitsplätze, und deren Zahl geht in nahezu allen bekannten Beschäftigungsfeldern außerhalb des Dienstleistungssektors zurück. Die gesellschaftliche und politische Diskussion um die Arbeitswelt der Zukunft kreist um die Dienstleistung, und dabei stehen volks- und betriebswirtschaftliche sowie technologische Überlegungen zur Erklärung des Wandels und seiner Folgen im Mittelpunkt.

Die Menschen als Akteure der Dienstleistung spielen hier eine bemerkenswert untergeordnete Rolle, sie werden nicht selten recht pauschal über Dienstleistungsmentalitäten, allgemeine kulturelle Vergleiche, Kernkompetenzen usw. in die Diskussion eingebracht. Sie sind jedoch die Träger dieser Entwicklung, und ein möglichst umfassendes Verständnis ihres Handelns ist maßgeblich für eine erfolgreiche Veränderung der Arbeitswelt mit neuen Informations- und Kommunikationsdienstleistungen.

Die Entwicklung der Dienstleistungsgesellschaft und insbesondere der Informations- und Kommunikationsdienstleistungen ist mit Blick auf die veränderte Arbeitswelt nach Dostal durch drei Trends zu kennzeichnen: Informatisierung, Globalisierung und Individualisierung. Auf diese soll zunächst kurz eingegangen werden, um dann vor diesem Hintergrund Antworten auf einige Fragen zur Veränderung der Arbeitswelt zu skizzieren.

Informatisierung: Arbeit wird abstrakter, komplexer und anforderungshaltiger. Mit dem Rückgang der Trennung von Hand- und Kopfarbeit verschwinden auf der einen Seite alte Formen von Arbeitsteiligkeit, auf der anderen Seite hat eine Veränderung der Arbeit in den vorbereitenden und begleitenden Informationsprozessen das Arbeitsvolumen drastisch rationalisiert. Zugleich ist die Komplexität der Gesellschaften gestiegen, was den Bedarf an technischer und bildungsbezogener Informatisierung verstärkt.

Globalisierung: Nimmt mit der Informatisierung die Arbeitsteilung zwischen Hand und Kopf ab, so verstärkt die Globalisierung die Arbeitsteiligkeit zwischen Regionen und Zonen der Erde. Die Informations- und Warenströme sind globaler und zugreifbarer geworden, sie haben Märkte, Anbieter und Nachfrager differenziert und dynamisiert. Dies gilt auch für die Arbeitsmärkte. Somit ergibt sich eine internationale Konkurrenzsituation bislang nicht bekannten Ausmaßes und nicht bekannter Qualität für Waren und Dienstleistungen – und ebenso für die sie stützenden Systembedingungen wie Infra- und Produktionsstrukturen, wie Arbeits- und Sozialsysteme.

Individualisierung mit zwei ineinandergreifenden Facetten: So haben erstens mit der immer weiterreichenden Automatisierung von Arbeitsprozessen in Produktion und Dienstleistung einfache, gleichförmige, von mehreren oder ganzen Gruppen von Menschen zu verrichtende Arbeitstätigkeiten an Bedeutung verloren. Die Arbeitsaufgaben werden zunehmend differenzierter und situationsgebundener; sie erfordern individualisierte Lösungen. Aufgaben, die genauso gut oder gar besser – weil etwa fehler- und störungsfreier – im Routinebetrieb von Computern oder, allgemeiner, von Maschinen ausgeführt werden können, sind menschlicher Arbeit unwürdig. Menschen sollen und werden Aufgaben übernehmen, die nicht automatisierbar sind und in die sie ihre individuellen Fähigkeiten und Fertigkeiten einbringen können. Und damit verbunden erleben wir zweitens auf der gesellschaftlichen und sozialen Ebene eine Individualisierung der Lebensformen, so etwa in der Zunahme der Single-Haushalte.

## Veränderungen der Arbeitswelt

Mit dem ersten Trend der Informatisierung wurde bereits die Dominanz von Information und Wissen in der Arbeitswelt unter neuen Informations- und Kommunikationsdienstleistungen deutlich. Zwar sprechen wir heute häufig von der Informationsgesellschaft, aber es ist nicht so sehr die Information, die zukünftig im Vordergrund steht; sie ist als notwendige Bedingung bereits in vielen Bereichen im Überfluß vorhanden und zugreifbar. Es ist vielmehr das Wissen, das die Zukunft beherrscht, und der Schritt von der Information zum Wissen ist die Aufgabe, die sich in der Arbeitswelt der neuen Informations- und Kommunikationsdienstleistungen stellt.

Wissen wird hier als Menge von Aussagen über Sachverhalte verstanden, wobei zwischen Ursachen-, Ziel-, Signal- oder Bedingungs-, Maßnahmen-, Mittel- und Folgenwissen beziehungsweise vereinfacht zwischen deklarativem und prozeduralem Wissen unterschieden wird. Information ist ein Teilbereich von Wissen, der in einer aktuellen Situation benötigt wird, aber nicht vorhanden ist und aus Wissen hergestellt werden muß. Information kann auch als zweckorientiertes Wissen bezeichnet werden.

Ist es die Aufgabe des Informationsmanagements, dafür zu sorgen, daß das Gut „Information" vorhanden ist und effektiv sowie effizient einsetzbar wird, so ist es die Aufgabe des Wissensmanagements, überschaubare und leistungsfähige Strukturen in dem regelmäßigen Überangebot von Informationen zu schaffen. Radikaler formuliert: Die durch das Wissensmanagement bereitgestellten Strukturen, also die Gliederung in handlungsrelevantes Ursachen-, Ziel-, Bedingungs-, Maßnahmen- und Folgenwissen, wird genauso bedeutend, ja wenn nicht sogar wichtiger als die Verfügbarkeit der eigentlichen Objektinformationen. Daß dieser Wandel der Anforderungen auch einen stetigen und raschen Wandel in den Berufs- oder allgemeiner Qualifikationsprofilen nach sich zieht, dürfte klar sein und schlägt sich auch in neuen Berufsbildern wie beispielsweise dem Multimedia-Designer nieder.

Die Virtualisierung der Arbeitsgegenstände ist eine weitere wesentliche Veränderung durch die neuen Informations- und Kommunikationsdienstleistungen. Damit sind zwei wichtige Aspekte für die Arbeitswelt angesprochen: zum einen das Erfahrungswissen – also ein Wissen, das wesentlich an die Gegenstände, mit denen umgegangen wird, gebunden ist – und das erfahrungsgeleitete Arbeitshandeln; zum anderen das Verhältnis oder besser die Umsetzung von Wissen in Handeln.

Das Erfahrungswissen war immer schon eine wichtige Säule beruflicher Qualifikation; explizit und implizit ist es Teil von Arbeitsprozessen und bestimmt diese maßgeblich: Denken wir zum Beispiel an die personenbezogene Dienstleistung im Gesundheitswesen, an spanabhebende Produktionen in der Metallverarbeitung, oder denken wir an komplexe Herstellungsprozesse wie etwa im Brauereiwesen. Wie wird sich die Arbeitswelt und wie werden sich die Menschen verändern, wenn mit der zunehmenden Virtualisierung von Arbeitsgegenständen und Arbeitsprozessen die gegenständliche Erfahrbarkeit abnimmt oder gänzlich verschwindet?

Dies ist eine Frage, deren Beantwortung leider alles andere als trivial ist, auch in der Wissenschaft. Und mehr noch, wenn wir schon heute feststellen, daß eine große Kluft besteht zwischen der Informationsflut und dem verfügbaren Wissen auf der einen Seite und dem Handeln in Wirtschaft und Gesellschaft auf der anderen, dann gewinnen der Verlust von Erfahrungswissen und die Notwendigkeit, Wissen in Handeln überwiegend oder ausschließlich in abstrakten Umwelten umzusetzen, weiter an Brisanz.

Befaßten sich diese beiden ersten Aspekte zu Veränderungen in der Arbeitswelt durch neue Informations- und Kommunikationsdienstleistungen mit Wissen und Information, so sollen die drei folgenden Punkte auf Veränderungen im Verhalten und auf dessen Management, insbesondere in organisationalen und sozialen Kontexten, ansprechen.

Zunächst sind die Flexibilisierung von Arbeitsort und Arbeitszeit sowie die allgemeine Mobilisierung von Arbeit unter neuen Informations- und Kommunikationsdienstleistungen zu nennen; diese bringen unter anderem eine Auflösung traditioneller fester Arbeitsstrukturen, veränderte betriebliche Sozialstrukturen und neue Rahmenbedingungen für organisationales Lernen mit sich. Noch wird die heutige Arbeitswelt von Mitarbeitern und Mitarbeiterinnen bestimmt, die weitgehend in den „alten" Strukturen groß geworden sind, sie kennen die geschriebenen und vor allem ungeschriebenen Ordnungen, Regeln und Symbole dieser sogenannten alten Arbeitswelt, aber wie werden die jungen Menschen heute und in Zukunft auf die neuen Ordnungen beziehungsweise Nicht-Ordnungen der Arbeitswelt in Schule, Hochschule, Universität und Organisationen vorbereitet?

Die neuen Informations- und Kommunikationsdienstleistungen ermöglichen und verlangen nicht nur eine durchgreifende Flexibilisierung und Mobilisierung in der Arbeitswelt, sondern sie ermöglichen es auch, die Grenzen zwischen den Lebensbereichen aufzulösen, also zwischen Arbeit, Organisation, Familie und Freizeit, und sie – wie in den vorindustriellen Zeiten – wieder zueinander zu bringen.

So wissen wir aus der Forschung zur Telearbeit, daß diese Auflösung der Grenzen zwischen den Lebensbereichen für Selbständige ebenso wie für nicht-selbständige Mitarbeiter und Mitarbeiterinnen, deren Familien und nicht zuletzt auch für die Unternehmen viele Vorteile, aber auch Nachteile mit sich bringt; diese Vor- und Nachteile sind unter anderem durch das Spannungsfeld von Flexibilitätsanforderungen in der Arbeit einerseits und individueller Autonomie über die Arbeit andererseits gekennzeichnet.

Ein dritter Aspekt im Zusammenhang mit Verhaltensänderungen in der Arbeitswelt unter neuen Informations- und Kommunikationsdienstleistungen soll hinzugefügt werden. Er betrifft die Modularisierung, Vernetzung und Globalisierung von Arbeit, die eine Leistungserbringung – allgemein gesagt – überall, zu jeder Zeit und unter vielfältigsten Bedingungen ermöglicht. Wir sprechen hier vom flüchtigen „knowledge working": Die Auswirkungen auf die Arbeitswelt sind heute gut erkennbar, und sie sind dramatisch. Nicht nur die Global Player denken über virtuelle, zeitlich begrenzte Arbeitsteams, über neue Formen inner- und zwischenbetrieblicher Arbeitsmärkte, über eine Zusammenarbeit jenseits betrieblicher, fachlicher, sprachlicher und kultureller Grenzen nach und bereiten den Wandel konkret vor. Daß dieser nicht nur die Arbeitnehmer betrifft, sondern ganz neue Formen des Personal- beziehungsweise Human Resource Managements etwa in punkto Motivation, Commitment und Vertrauen verlangt, ist den Akteuren häufig überraschend wenig bewußt.

## Zentrale Anforderungen an die Informations- und Kommunikationssysteme

Eine zentrale Anforderung an die Entwicklung und Gestaltung von Informations- und Kommunikationssystemen sehen wir seitens der Arbeits- und Organisationswissenschaften in der Abkehr von der Technikorientierung hin zu einem soziotechnischen Gestaltungsansatz, das heißt in einer gemeinsamen Optimierung des technisch-organisatorischen und sozialindividuellen Systems. Die Technikorientierung als dominante Leitlinie hat nicht nur in den Augen vieler Wissenschaftler, sondern auch nach Auffassung vieler Betriebe und Organisationen versagt; erst in jüngerer Zeit hat sich dies beispielsweise bei der Einführung des Computer Integrated Manufacturing (CIM) wieder gezeigt. Mit dem sozio-technischen Entwicklungs- und Gestaltungsansatz sollen etwa auch Dezentralisierung statt Zentralisierung, funktionale Integration statt Arbeitsteilung, Selbstregulation statt Fremdbestimmung, qualifizierte statt partialisierte Arbeit, eine Abflachung von Hierarchien sowie transorganisationale kooperative Netzwerke Berücksichtigung finden.

Dieser seit langem diskutierte und geforderte Perspektivenwechsel in der Gestaltung von Arbeit hat wesentliche Implikationen. Sozio-technische Systeme verlangen nach einer prospektiven Gestaltung von Arbeit. Das heißt, moderne Informations- und Kommunikationsdienstleistungen sind nicht nur optimal technisch zu planen.

Vielmehr ist der Einsatz von Technik für diese Dienstleistungen prospektiv grundsätzlich mit Maßnahmen der Arbeitsstrukturierung zu verbinden, damit objektive Handlungs- und Gestaltungsspielräume für die Entwicklung der Arbeitnehmer und Arbeitnehmerinnen offengehalten werden.

Denn erst, wenn das heute so nachdrücklich geforderte lebenslange Lernen auch im konkreten Arbeitsprozeß ermöglicht und unterstützt wird – das dem soziotechnischen Gedanken folgend bereits in der Art der organisationalen Aufgabenstrukturierung angelegt ist –, gewinnt es konkrete Gestalt und eine wirkliche Chance auf Umsetzung.

Daß wir von diesem Ziel in vielen, auch in kommunikationstechnisch gestützten Dienstleistungsbereichen noch ein ganzes Stück entfernt sind, zeigen isolierte Entwicklungen vieler Hardware- und Softwareprodukte ebenso wie bestimmte neuere Organisationsformen von Arbeit, wie sie sich zum Teil im Direct Banking oder in Call Centern mit ihrem vergleichsweise hohen Grad an Arbeitsteilung finden.

## Qualifikation der Mitarbeiter und Mitarbeiterinnen

Unter Bezug auf die zuvor genannte prospektive Gestaltung von Arbeit und die mit ihr verknüpften Handlungs- und Gestaltungsspielräume für Mitarbeiter und Mitarbeiterinnen sollen hier auch die differentielle und dynamische Arbeitsgestaltung erwähnt werden. Denn die Frage nach den Qualifikationen und Kompetenzen der Arbeitnehmer für neue Informations- und Kommunikationsdienstleistungen ist auch eine Frage nach den Möglichkeiten, diese im Arbeitsprozeß den sich verändernden persönlichen, biologischen, sozialen Bedingungen im Sinne differentieller und dynamischer Gestaltung von Arbeit anzupassen. Hier sind etwa Lebenslage, Gesamtbelastung, Alter, Gesundheit usw. angesprochen.

Wenn wir heute von Qualifikationen sprechen, so sind beinahe selbstverständlich in anspruchsvollen Dienstleistungspositionen gute Kompetenzen im Umgang mit neuen Informations- und Kommunikationstechnologien gemeint. Neben diese müssen jedoch Qualifikationen zum Informations- und Wissensmanagement treten, die erst langsam in Deutschland in der notwendigen Profilierung an Schulen, Hochschulen und Universitäten angeboten werden. Zu den künftigen Kernkompetenzen sind darüber hinaus ohne Zweifel besondere Fähigkeiten zur Kommunikation und Kooperation in informationstechnisch gestützten Umwelten sowie Kompetenzen zur Selbstorganisation zu rechnen. Kompetenzen zur Selbstorganisation sind eng verknüpft mit dem hohen Grad an Flexibilität und Mobilität in der neuen Arbeitswelt, die nur denjenigen erfolgreich sein läßt, der sich ziel- und zeitbezogen selbst managen kann.

Gerade Fähigkeiten zur Kommunikation und Kooperation in informationstechnisch gestützten Umwelten unterliegen einem stetigen Wandel und besonderen Herausforderungen. Sind viele Arbeitnehmer ausreichend erfahren im Einsatz herkömmlicher Kommunikationsmittel wie Brief, Telefon, Fax und Voice Mail, so fehlt häufig sowohl die Kompetenz im Umgang mit fortgeschritteneren Technologien wie E-Mail, Videokonferenzen und Net Casting als auch die Qualifikation zu deren differentieller Nutzung. Denn mit der komplexer werdenden Technologie wird es im Sinne der Media-Richness-Theorie auch schwieriger, das für eine jeweilige Aufgabe und Situation geeignete Kommunikationsmittel auszuwählen und einzusetzen. Das erfordert Wissen, Erfahrung, Kommunikationskompetenzen und Verantwortung im Umgang mit Kommunikationsmitteln, die anders als die technischen Mittel selbst käuflich nicht zu erwerben sind.

## Wissen als Ressource

Für die Veränderung der Arbeitswelt mit neuen Informations- und Kommunikationsdienstleistungen spielt der Umgang mit Wissen eine zentrale Rolle. Nicht nur Wissen in abstrakten Umwelten, etwa im Internet, und nicht nur das sich ständig entwickelnde fachliche Wissen von Disziplinen, sondern auch das Wissen in konkreten, erfahrungsgeleiteten Kontexten, nicht zuletzt in der personenbezogenen Dienstleistung ist angesprochen. Fasziniert von den rasanten Entwicklungssprüngen moderner Informations- und Kommunikationstechnik und den damit verknüpften technisch-organisationalen Möglichkeiten verlieren Apologeten der Dienstleistungsgesellschaft nicht selten aus dem Auge, daß die Verfügbarkeit von

Wissen als Ressource ein – außerordentlich wichtiger – notwendiger Schritt ist, daß es zur Umsetzung des Wissens in Handeln aber nicht nur entsprechender organisationaler Bedingungen und Anreize, sondern motivationaler, volitionaler, qualifikatorischer, sozialer und vieler anderer, maßgeblich auch psychologisch bestimmter Faktoren bedarf, deren gutes Zusammenspiel für das Gelingen in einer Arbeitswelt der Zukunft mehr denn je von Bedeutung ist.

Indien profitiert nicht einseitig von der Globalisierung, sondern bringt auch neue Methoden des Business Service mit ein. Eine Gesellschaft, die sich durch gegenseitigen Respekt und Höflichkeit auszeichnet, eröffnet dem Dienstleistungssektor neue Dimensionen.

Dr. Seshu Bhagavathula, 1957 in Ramarajulanka in Indien geboren, studierte Elektro- und Nachrichtentechnik und promovierte 1990 in Hochfrequenztechnik an der Universität Stuttgart. Von 1992 bis 1996 war er wissenschaftlicher Mitarbeiter am Daimler-Benz Forschungszentrum in Ulm. 1996 begann Dr. Seshu Bhagavathula als Leiter des Daimler-Benz Research Centre India mit dem Aufbau des Forschungszentrums in Bangalore.

# Internationalisierung der Daimler-Benz Forschung

*von Seshu Bhagavathula*

Auch für die Forschung wird das Thema Globalisierung und Dezentralisierung immer wichtiger. Die Zahl der bedeutenden Unternehmen, die ihre Forschungs- und Entwicklungstätigkeiten international ausbauen, steigt immer weiter. Dies gilt auch für die Forschungsaktivitäten der Daimler-Benz AG. Ein anschauliches Beispiel für die zunehmende Internationalisierung von Forschungsdienstleistungen ist das Daimler-Benz Forschungszentrum Indien, welches der Konzern 1997 gründete. Das steigende Interesse am indischen Markt verlangte ein stärkeres Engagement auch in anspruchsvolleren Bereichen wie Forschung und Entwicklung. Bisher hatten sich die Aktivitäten auf Vertrieb und Produktion konzentriert. Ein indisches Sprichwort beschreibt diese Entwicklung treffend: „Wenn deine Familie auf einen Zug springt und wegfährt, dann mußt du mit, sonst verlierst du sie."

## Gründe für den Aufbau des Forschungszentrums

Indien hat nachweislich Kompetenzen im Informationstechnologiesektor und in anderen Bereichen wie der Luft- und Raumfahrtindustrie entwickelt. Für Daimler-Benz ist die Präsenz in den technologisch führenden Innovationszentren, den sogenannten „hot spots", auf den für den Konzern wichtigen Technologiefeldern ein wesentliches Element der Internationalisierungsstrategie. Gleichzeitig unterstützt das Daimler-Benz Forschungszentrum Indien mit seinem Forschungsangebot die Tochterunternehmen der Daimler-Benz AG in Süd- und Südostasien und bis zu einem gewissen Grad auch die in anderen Niedriglohnländern. Die internationale Zusammenarbeit in der Forschung ermöglicht so, die den verschiedenen Kulturen spezifischen Neigungen und Fähigkeiten systematisch zu nutzen, so zum Beispiel die Expertise Indiens auf dem Gebiet der Mathematik.

Darüber hinaus kann das Forschungszentrum als Basis für den Aufbau weiterer Geschäftseinheiten der Daimler-Benz AG genutzt werden. In Indien lebt ein Sechstel der Bevölkerung der Erde. Eine schnell wachsende, kaufkräftige Mittelschicht bewirkt, daß der Inlandsmarkt stark expandiert. Das immense, zukünftige Potential dieses Marktes ist so hoch, daß es bis jetzt kaum abgeschätzt werden kann.

## Spezifische Vorteile des Standorts Bangalore

Bangalore ist als das „indische Silicon Valley" bekannt. Welcher der großen Namen aus dem Silicon Valley Ihnen auch einfällt, er wird sich in Bangalore wiederfinden. Sehr renommierte Universitäten, Forschungszentren der Luft- und Raumfahrttechnik sowie der Rüstungsindustrie und des Maschinenbaus sind hier angesiedelt. Die wissenschaftlichen Forschungsinstitute in Bangalore haben zwei Nobelpreisträger hervorgebracht, und viele ehemalige Studenten des Indian Institute of Science (IISc), das nach dem World Education Report als die Nummer 18 der weltweit renommiertesten Universitäten gewertet wird, gehören zum „Who is Who" der

Weltelite. Die Forschung im Bereich der Informationstechnologie für den Automobilbau wird in Bangalore durchgeführt. Als Beispiele seien Bosch, Analogy, Infosys und Wipro-GM genannt. Viele deutsche und internationale Firmen, wie zum Beispiel Siemens, die Deutsche Bank, Temic, Motorola, IBM, Bosch und der TÜV Rheinland, haben hier Niederlassungen.

Vorteilhaft in Bangalore sind die im Vergleich zum übrigen Indien allgemein offene Atmosphäre, die akzeptable Infrastruktur, das qualifizierte Personal, das Vorhandensein von Zulieferern und der Zugang zu Hard- und Softwareanbietern. Darüber hinaus herrschen angenehme klimatische Verhältnisse mit vielen Sonnentagen und durchschnittlichen Temperaturen zwischen 25°C und 33°C, die mit zur Attraktivität des Standortes beitragen.

## Indien: Forschungs- und Dienstleistungsstandort

Indien, das in vielen Bereichen noch als Entwicklungsland einzustufen ist, zeichnet sich in bestimmten Technologiefeldern durch einen sehr hohen Reifegrad aus. Allerdings wanderten viele der in Indien gut ausgebildeten qualifizierten Fachkräfte und Akademiker in die Industrieländer ab, da ihnen in ihrer Heimat keine anspruchsvollen Aufgaben geboten werden konnten. Mittlerweile kehren jedoch insbesondere aus den USA viele hochqualifizierte Inder, die dort einflußreiche Positionen bekleideten, nach Indien zurück, weil sie hier im Rahmen der Anfang der neunziger Jahre eingesetzten politischen Liberalisierung ein großes Entwicklungspotential sehen – quasi eine Umkehrung des Brain-Drains früherer Jahre. Ebenso verzichten junge Absolventen der zahlreichen Institute und Hochschulen auf die Möglichkeit, in die Vereinigten Staaten zu gehen, da sich ihnen in Indien bisher nicht gekannte Chancen und Karrierewege bieten. Mit einer positiven Aufbruchstimmung im Land und dem Potential an hochmotivierten Fachkräften entwickeln sich eine eigenständige Dynamik und damit eine hervorragende Zukunftsperspektive.

Mit der Förderung der Hochtechnologie nutzt Indien die Chance, die Unterschiede in der Gesellschaft zu überbrücken, die Wirtschaft radikal zu modernisieren und den Anschluß an die Industrieländer zu realisieren. So lange zwischen einem Industrie- und einem Entwicklungsland ein Ungleichgewicht in der Kostenstruktur besteht, werden Tochterunternehmen in einem Niedriglohnland ihrerseits jedoch nicht die finanziellen Ressourcen haben, um Forschungsaufträge im Land des Mutterkonzerns vergeben zu können. Mercedes-Benz Indien wird sich daher wegen der Kostenunterschiede wahrscheinlich keine Forschung in Deutschland leisten können.

Dennoch profitiert Indien nicht einseitig von der Globalisierung, sondern bringt auch neue Methoden des Business Service mit ein. Eine Gesellschaft, die sich durch gegenseitigen Respekt und Höflichkeit auszeichnet, eröffnet dem Dienstleistungssektor neue Dimensionen.

Dies betrifft jedoch nicht nur die Dienstleistungen, die den externen Kunden gegenüber erbracht werden, sondern auch diejenigen für die „internen Kunden", das heißt innerhalb des Daimler-Benz-Konzerns. So versteht sich das Daimler-Benz Forschungszentrum in Indien als Dienstleister für andere Geschäftseinheiten im Konzern. Wird dieser Gedanke auf die Ebene der einzelnen Abteilungen übertragen, sollte jeder einzelne Mitarbeiter seine Arbeit als Dienstleistung für seine

Kollegen und sein Team verstehen. Diese Denkweise ist bei den Mitarbeitern des Daimler-Benz Forschungszentrums in Indien sehr ausgeprägt.

## Chancen für den Standort Deutschland

Der Zugang zu einem der größten Märkte der Welt wird nicht ohne aktive Präsenz in diesem Markt erzielbar sein. Ein schneller Markterfolg mit sofortigen hohen Gewinnen ist in Indien, dessen Gesellschaft es vorzieht, bekannte und mit diesem Markt verbundene Anbieter zu wählen, nicht zu erwarten. Ein längerfristiges Engagement in diesem Markt kann jedoch sehr erfolgversprechend sein.

Für den Forschungsstandort Deutschland entstehen statt neuer Risiken neue Chancen, da die internationale Zusammenarbeit neue Perspektiven ermöglicht. Durch den Austausch mit indischen Forschern werden alte Denkmuster hinterfragt und neue Horizonte geöffnet. Wenn wir von der in Indien vorhandenen Kompetenz in den oben angesprochenen Feldern lernen, profitiert davon unsere eigene Forschungstätigkeit. Sie wird vielfältiger, sie wird um zusätzliche Aspekte erweitert, und sie erlaubt uns, neue Forschungsgebiete zu erschließen.

# Anhang

*Die Initiative „Dienstleistungen für das 21. Jahrhundert" des Bundesministers für Bildung, Wissenschaft, Forschung und Technologie (BMBF), Dr. Jürgen Rüttgers, zielt auf die Mobilisierung und Stärkung der Innovations- und Zukunftspotentiale des Wirtschaftsstandortes Deutschland ab. Im Rahmen dieser Initiative war es die Aufgabe der Untersuchung „Dienstleistung 2000plus" unter Leitung von Professor Hans-Jörg Bullinger vom Fraunhofer-Institut für Arbeitswirtschaft und Organisation, den Handlungs- und Forschungsbedarf im Bereich der Dienstleistungen zu ermitteln und daraus konkrete Empfehlungen für Handlungs- und Forschungsfelder abzuleiten. In diesem Anhang stellt der Beirat des Forschungsprojekts „Dienstleistung 2000plus", der die Untersuchung mit seinem Expertenwissen unterstützt hat, seine Handlungsempfehlungen zur Stärkung des Dienstleistungssektors vor.*

# Handlungsempfehlungen zur Stärkung des Dienstleistungssektors

*Beirat des Forschungsprojekts „Dienstleistung 2000plus"*

## Das Forschungsprojekt „Dienstleistung 2000plus"

Der Beirat des Forschungsprojekts „Dienstleistung 2000plus" wurde vom BMBF mit dem Ziel ins Leben gerufen, den Konsensbildungsprozeß der Bewertung von strategischen Forschungs-, Entwicklungs- und Handlungsfeldern und die Umsetzung des Handlungs- und Forschungskonzeptes aktiv zu unterstützen. Zu seinen Aufgaben gehörte es, die Projektleitung zu beraten sowie konkrete Hinweise und Empfehlungen für die Arbeit in den Arbeitskreisen zu geben. Schließlich wurde der Beirat vom BMBF damit beauftragt, die Ergebnisse der Arbeitskreise aufzunehmen und vor dem Hintergrund seiner Erfahrungen das BMBF bei der Umsetzung dieser Ergebnisse in ein Handlungs- und Forschungskonzept zu beraten. Die Mitglieder des Beirats sind am Ende des Anhangs aufgeführt.

## Ziele und Grundlagen der Handlungsempfehlungen

Dienstleistungen setzen für die allgemeine wirtschaftliche Entwicklung, die Beschäftigungssituation und die Gestaltung unserer Lebensumwelt nachweislich maßgebliche Akzente.

Dennoch spielen sie im Bewußtsein der Öffentlichkeit noch immer eine untergeordnete Rolle. Auch in Politik, Wissenschaft und Wirtschaft wird die Entwicklung zu einer immer stärker dienstleistungsorientierten Gesellschaft vielfach eher mit Skepsis als mit Zuversicht betrachtet. Durch die Erfahrungen der vergangenen Jahre und Jahrzehnte neigen wir dazu, Wohlstand nahezu ausschließlich mit einem blühenden Produktionsstandort zu verbinden. Dies macht es jedoch um so schwerer, die Chancen eines wachsenden Dienstleistungsbereichs wahrzunehmen und offensiv zu nutzen.

Die vom Bundesminister für Bildung, Wissenschaft, Forschung und Technologie (BMBF), Dr. Jürgen Rüttgers, initiierte Initiative „Dienstleistungen für das 21. Jahrhundert" hat es sich zum Ziel gesetzt, in Deutschland ein dienstleistungsfreundliches Klima zu schaffen, das den Einzelnen, die Wirtschaft und den Staat ermutigt, in Dienstleistungen zu investieren. Dabei geht es jedoch keineswegs um die simple Alternative „Produktion oder Dienstleistung". Stattdessen können die tatsächlichen Herausforderungen am sinnvollsten mit Hilfe der folgenden Fragestellungen umrissen werden:

- Was müssen wir tun, um eine führende Stellung deutscher Dienstleistungen auf dem Weltmarkt zu erreichen?
- Wie können wir die Stärken des Produktionssektors für einen Fortschritt im Dienstleistungsbereich nutzen und wie die Produktion durch intelligente Dienstleistungen stärken?
- Wie soll das Leben und Arbeiten in einer dienstleistungsorientierten Gesellschaft gestaltet werden?
- Was ist unter einer zukunftsfähigen Entwicklung für den Standort Deutschland zu verstehen?

*Ziele und Grundlagen*

Dieser Beitrag stellt die wesentlichsten Handlungsempfehlungen zur Stärkung des Dienstleistungssektors vor, die im Rahmen des Forschungsprojekts „Dienstleistung 2000plus" erarbeitet wurden. An diesem Grundlagenprojekt waren mehr als 300 Experten aus Wirtschaft, Wissenschaft, intermediären Organisationen und Politik beteiligt.

In den mit unterschiedlichen Einzelthemen befaßten Projekt-Arbeitskreisen wurden mehr als 100 Handlungsempfehlungen an Politik, Dienstleistungsorganisationen und intermediäre Instanzen formuliert. Weitere Beiträge lieferten der Internationale Beirat und die Expertenrunde des Beirats. Die Ergebnisse von Expertenhearings, die der Projektträger „Arbeit und Technik" durchgeführt hatte, sorgten für eine nochmalige Anreicherung des gesamten Empfehlungspakets. Gemeinsam mit externen Experten übernahmen es die Leiter der Arbeitskreise, diese Fülle von Einzelempfehlungen zu sichten, zu ordnen und schließlich zu bewerten.

Die folgende Darstellung fußt auf den Ergebnissen dieses Evaluationsprozesses, in dessen Verlauf vier zentrale Handlungsfelder definiert wurden, die nach unterschiedlichen Aufgabenbereichen organisiert und näher erläutert sind. Den unmittelbaren Adressaten der Handlungsempfehlungen – Politik, privatwirtschaftliche und öffentliche Dienstleistungsorganisationen, Wissenschaft und intermediäre Instanzen – kann somit ein sofortiger Aktionsplan unterbreitet werden, der von einem sich aus den unterschiedlichsten gesellschaftlichen Bereichen rekrutierenden Expertenkreis im Konsens erarbeitet wurde.

Der Projektbeirat ist der Überzeugung, daß eine Umsetzung des Empfehlungspakets die Schaffung der Grundlagen und

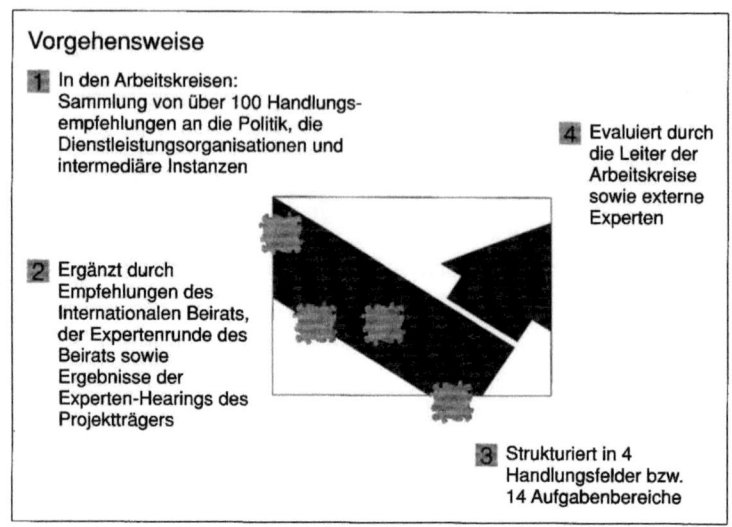

*Abbildung 1:* Vorgehensweise zur Gewinnung und Strukturierung der Handlungsempfehlungen

Rahmenbedingungen für ein dienstleistungsfreundliches Umfeld einen entscheidenden Schritt voranbringen wird (Abbildung 1).

## Die Handlungsfelder: ein erster Überblick

Das Handlungsfeld I faßt die Empfehlungen zur Verbesserung der Infrastrukturdienstleistungen zusammen, denen eine herausragende Bedeutung für eine verbesserte Nutzung der Chancen des Dienstleistungsbereichs zukommt. Die ermittelten vier Aufgabenbereiche unterstreichen die Bedeutung der Förderung von Dienstleistungsqualifikationen und -kompetenzen, der Stärkung des serviceorientierten Handelns öffentlicher Dienstleister, der Sicherung des offenen Zugangs zu Informationen und Wissensbeständen und schließlich einer genaueren Kenntnisnahme der Dienstleistungspraxis durch die Wissenschaft.

Die Handlungsfelder II und III konzentrieren sich auf die Dienstleistungsorganisationen selbst. Handlungsfeld II beleuchtet die Bedingungen für eine stärkere Mobilisierung von Dienstleistungsinnovationen sowohl bei den Dienstleistungsprodukten selbst als auch in den Leistungserstellungsprozessen. Die in vier Aufgabenbereichen zusammengefaßten Empfehlungen zielen unter anderem auf eine gezieltere Schaffung und Stärkung des (vor allem patentrechtlichen) Schutzes von Dienstleistungsinnovationen, eine Verbesserung des Dienstleistungs-Engineerings (und damit der Produktivität von Dienstleistungen), eine deutlichere Konzentration auf den Kundennutzen und schließlich auf die Förderung der Entfal-

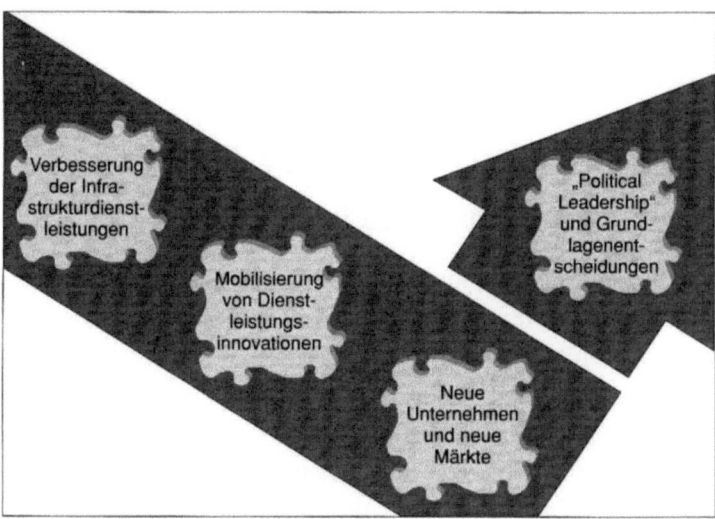

*Abbildung 2:* Überblick über die Handlungsfelder

tung der Potentiale der Mitarbeiter und deren „Mitunternehmertum". Das dritte Handlungsfeld – neue Unternehmen und neue Märkte – unterstreicht die besondere Rolle von kleinen und mittleren Unternehmen und von Existenzgründern für eine sich abzeichnende Dienstleistungswirtschaft. Es betont die Bedeutung von Kooperationen und Allianzen auf umkämpften (internationalen) Dienstleistungsmärkten und spricht schließlich Erschließungsstrategien für neue Märkte an (Abbildung 2).

Kernbotschaften der als Handlungsfeld IV Political Leadership und Grundlagenentscheidungen organisierten Empfehlungen sind die Notwendigkeit einer stärkeren Sensibilisierung der Öffentlichkeit für die Belange und die Bedeutung der Dienstleistung, der Bedarf von Politik und Wirtschaft nach besseren Daten zur Unterstützung beziehungsweise Nutzung der Entwicklung hin zu einer Dienstleistungswirtschaft sowie die Schaffung neuer und hochwertiger Arbeitsplätze als vorrangiges Ziel einer Förderung des Dienstleistungsbereichs.

## Handlungsfeld I: Verbesserung der Infrastrukturdienstleistungen

Infrastrukturdienstleistungen sind eine unabdingbare Voraussetzung für den reibungslosen Ablauf von Wirtschaftsprozessen. Die Empfehlungen zur Verbesserung dieser Dienstleistungen lassen sich in vier Aufgabenbereiche bündeln: Bildung; öffentliche Verwaltung (einschließlich Gestaltungsansätzen für das Sozial- und Gesundheitswesen); Telekommunikations-Infrastrukturen und schließlich Wissenschaft und Forschung, die durch eine zielgerichtetere Vernetzung mit

# Handlungsfeld I

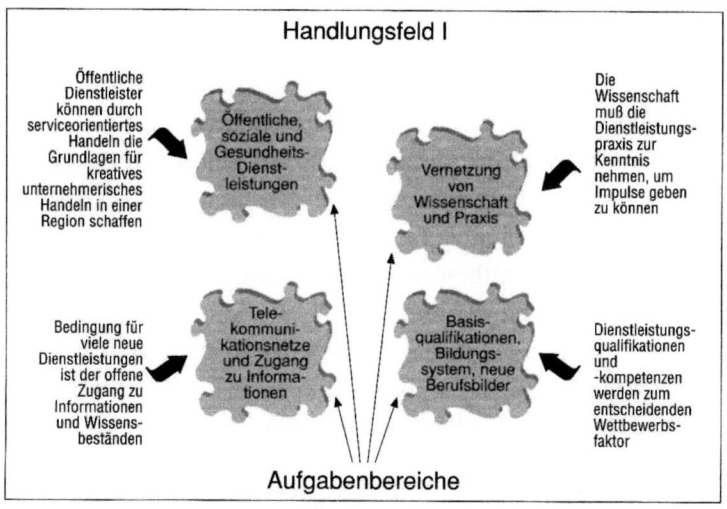

*Abbildung 3:* Handlungsfeld I:
Verbesserung der Infrastrukturdienstleistungen

der Praxis wertvolle Impulse für die Dienstleistungswirtschaft geben können (Abbildung 3).

## Aufgabenbereich 1: Basisqualifikationen, Bildungssystem, neue Berufsbilder

In diesem ersten Aufgabenbereich werden in den Empfehlungen drei wesentliche Handlungsbedarfe beziehungsweise -bereiche hervorgehoben: a) Maßnahmen zur Steigerung der für die Erbringung und den Genuß von Dienstleistungen nötigen Basisqualifikationen und -kompetenzen, b) die damit einhergehende Anpassung und Reformierung des Bildungssystems und c) die Förderung neuer Berufsbilder und zusätzlicher Schlüsselqualifikationen in der Arbeitswelt.

*a) Basisqualifikationen*

Für eine dienstleistungsorientierte Gesellschaft wird es zunehmend bedeutsamer, sämtliche Ausbildungszweige auf „Serviceorientierung" auszurichten. Die Entwicklungstrends in vielen Wirtschaftsbranchen signalisieren, daß Dienstleistungsqualifikationen beziehungsweise -kompetenzen zum entscheidenden Wettbewerbsfaktor werden. Das gesamte Bildungssystem ist aufgerufen, sich dieser Anforderung zu stellen. In einer dienstleistungsorientierten Gesellschaft gilt es, drei Eckpfeiler an Basisqualifikationen verstärkt zu fördern: Service-Denken, Medienkompetenzen und multikulturelle Kompetenzen.

Handlungsempfehlungen an die Politik und die Bildungsträger:

- Service-Denken und Kundenorientierung müssen integraler Bestandteil der Bildung werden.

- Der „Alphabetisierungsgrad" der Bevölkerung im Umgang mit Neuen Medien muß gesteigert werden. Es gilt, hierfür Qualifizierungskonzepte zu erarbeiten.

- Der Einsatz von Informationstechnologien an den Schulen und Ausbildungseinrichten sollte gefördert werden. Für das Lehrpersonal sind Fortbildungsmaßnahmen einzurichten. Eine möglichst geringe Reglementierung des Einsatzes Neuer Medien in den Lehr- und Ausbildungsplänen trägt dazu bei, Experimentierfreudigkeit zu unterstützen.

- Multikulturelle Kompetenzen müssen in die unterschiedlichen Bildungsgänge sowie Aus- und Weiterbildungsangebote eingebunden werden. Hierzu können beispielsweise eine Internationalisierung von Bildungsgängen und eine gezielte Förderung von Austauschprogrammen und Fremdsprachenkompetenzen beitragen.

*b) Bildungssystem*

Herausragendes Kennzeichen der Dienstleistungsgesellschaft ist ihre hohe Dynamik. Eine ständige Auseinandersetzung mit neuen Entwicklungen wird somit unumgänglich. Auch im Bildungssystem erfordert dieser Trend der laufenden Veränderung der Rahmenbedingungen, traditionelle Denk- und Verhaltensweisen kritisch zu überdenken und sich stärker als früher auf dynamische und flexible Konzepte einzustellen.

Der Einzelne muß zur kontinuierlichen Planung seines Weiterbildungsprozesses befähigt werden. Für das Bildungssystem bedeutet dies, daß flexible Bildungsangebote entwickelt werden müssen, die eine gleichermaßen an firmenspezifischen wie individuellen Bedürfnissen ausgerichtete Weiterbildung ermöglichen. Für die Stärkung einer unternehmerischen Grundeinstellung in Deutschland ist in diesem Zusammenhang auch von Bedeutung, wie durch eine Überarbeitung der Aufgaben und Inhalte von Bildungseinrichtungen die Qualifizierung zum Unternehmer besser geleistet werden kann.

Handlungsempfehlungen an die Politik und die Bildungsträger:

- Selbständigkeit muß zu einem Standardfach an den Schulen und Hochschulen werden. Auch junge Ingenieure und Naturwissenschaftler sollten sich in Recht, Betriebswirtschaft und Steuerfragen so weit auskennen, daß sie ein Unternehmen leiten können.

- Experimente und neue Ansätze zur Verbesserung der Durchlässigkeit des Bildungssystems sind vermehrt und gezielt zu unterstützen. Auch in bezug auf den internationalen Kontext muß die Offenheit des Bildungssystems gestärkt werden.

- Empfohlen werden außerdem die Einrichtung und Pflege eines Frühwarnsystems zur Entwicklung und ständigen Aktualisierung von Aus- und Fortbildungsordnungen.
- Die berufliche Aus- und Weiterbildung soll modularisiert werden.
- Es sollten mehr duale Studiengänge an Fachhochschulen, Wirtschafts- und Berufsakademien und mehr Weiterbildungs- und Qualifizierungsangebote geschaffen werden, die sich am Markt orientieren.

Handlungsempfehlungen an die intermediären Institutionen:

- Abstimmungs- und Synergieeffekte zwischen Aus- und Weiterbildungssystemen und Unternehmen müssen sichergestellt werden.

Ergänzende spezifische Handlungsempfehlungen an die Politik und die Bildungsträger:

- Die Kooperation zwischen Aus- und Weiterbildungsinstitutionen mit Unternehmen/Beschäftigten sollte gefördert werden. Die Zielsysteme von Ausbildung und Praxis sind abzustimmen.
- Aktuelle Ausbildungsordnungen und Rahmenlehrpläne (am Beispiel Versicherungswirtschaft) müssen entwickelt und umgesetzt werden.
- Bei den Regelungen für die kaufmännische Fortbildung ist Transparenz zu schaffen.

*c) Neue Berufsbilder*

Neuen Tätigkeitsinhalten und veränderten beruflichen Anforderungen muß schließlich auch durch die Modernisierung bestehender Ausbildungsberufe, die Schaffung neuer Berufsprofile und durch eine adäquate Anpassung der Fortbildungsregelungen rasch Rechnung getragen werden.

Neben der fachlichen Verbesserung der Ausbildungsinhalte ist der Vermittlung von zusätzlichen Schlüsselqualifikationen – ergänzend zu den unter a) aufgeführten – eine zentrale Bedeutung beizumessen. In der Arbeitswelt der Zukunft sind Eigeninitiative, Kreativität und Verantwortungsbewußtsein gefragt. Es gilt, sowohl im Ausbildungssystem als auch auf betrieblicher Ebene Rahmenbedingungen und Anreize zu schaffen, die diese Schlüsselkompetenzen fördern. Diese Entwicklungen treffen die gesamte berufstätige Bevölkerung: „normale" Arbeitnehmer, Führungskräfte bis in die Spitzen des Managements und Selbständige.

Handlungsempfehlungen an die Politik und die Bildungsträger:

- Insbesondere im Bereich der Dienstleistungen muß zur Mobilität qualifiziert werden. Diese Anforderung erklärt sich aus den in diesem Bereich typischerweise häufiger auftretenden Wechseln zwischen Arbeitnehmer- und Selbständigenstatus.

- Es gilt, die Erarbeitung neuer Berufsbilder anzustoßen, wie zum Beispiel den des Medientechnikers oder Medienwirtschaftlers, die auf unterschiedliche Arten der Medienkompetenz beziehungsweise der Medienentwicklungskompetenz zugeschnitten sind.

Ergänzende spezifische Handlungsempfehlung an die intermediären Institutionen:

- Neue Berufsbilder und Ausbildungsgänge müssen entworfen werden, die auf die Tätigkeit eines Medienassistenten, Informations-Brokers beziehungsweise Recherche-Spezialisten vorbereiten.

## Aufgabenbereich 2: Öffentliche, soziale und Gesundheitsdienstleistungen

Zwei wesentliche Handlungsbereiche stehen im Mittelpunkt der Empfehlungen zu diesem zweiten Aufgabenbereich: a) Vorschläge zur Verbesserung des serviceorientierten Handelns öffentlicher Dienstleister mit dem Ziel, die Basis für kreatives unternehmerisches Handeln in einer Region zu liefern, sowie b) Gestaltungsansätze für soziale und Gesundheitsdienstleistungen.

*a) Service-Center Öffentliche Verwaltung*

Von vielen Seiten wird die Forderung nach einer bürger- und unternehmensorientierten Vereinfachung, Beschleunigung und Verbesserung behördlicher Prozesse erhoben. Eine solche Verbesserung kann durch eine Einführung zugesicherter Bearbeitungszeiträume bei behördlichen Genehmigungsverfahren und die Einrichtung von Schiedsstellen zum Abbau gesetzlicher Innovationshemmnisse unterstützt werden. Darüber hinaus kann die öffentliche Verwaltung einen wesentlichen Beitrag für den Lebens- und Dienstleistungsstandort leisten, wenn es ihr gelingt, innovative Konzepte der Kunden- und Serviceorientierung für Verwaltungskonzepte (wie etwa „one face to the customer") flächendeckend umzusetzen und die eigene Leistungstiefe im Rahmen der Diskussion um „Neue Steuerungsmodelle" zu überprüfen (beispielsweise durch die zunehmende Einführung von Kooperationsmodellen der Public-Private-Partnership). Für diesen Aufgabenbereich kann darüber hinaus auf die Erkenntnisse verschiedener Initiativen, zum Beispiel die des Sachverständigenrates „Schlanker Staat" oder der Zukunftsinitiative der ÖTV, verwiesen werden.

Handlungsempfehlungen an die Politik und die öffentlichen Dienstleister:

- Die öffentlichen Institutionen sind zu einer Dienstleistungs-Offensive aufgerufen, die für den Bereich der gesamten Dienstleistungsorganisationen Leitcharakter besitzt (etwa in bezug auf Öffnungszeiten, Erreichbarkeit, Durchlaufzeiten). Dies kann durch den Aufbau einer Verwaltungsstelle für eine Komplettberatung und Serviceerbringung für den Bürger erreicht werden, die aus einem Stück gegossen ist (Konzept des „one face to the customer").

- Das Verhältnis von gesellschaftlicher Selbstorganisation einerseits und einer Versorgung mit öffentlich garantierten, finanzierten und produzierten Dienstleistungen andererseits muß neu bestimmt werden.

- Besondere Bedeutung kommt einer Verbesserung der Schnittstellen zwischen privaten und öffentlichen Dienstleistungen zu (Public-Private-Partnerships).

- In öffentlichen Institutionen sind verstärkt Wettbewerbselemente einzuführen, beispielsweise durch Förderung regionaler Wettbewerbe (etwa „Region mit den kürzesten Genehmigungszeiten für Flächen, Bauten, Anlagen"). Hierbei sollte vor allem auch die Qualität der erbrachten Dienstleistungen als zentrales Beurteilungskriterium in den Mittelpunkt gestellt werden (zum Beispiel durch internationale Vergleiche).

- Dienstleistungen, die aufgrund bürgernaher Initiativen und arbeitsmarktpolitisch gestützter Projekte entstanden sind, müssen konsolidiert und gefördert werden.
- Einer Personalrechtsreform im Öffentlichen Dienst, die auf eine Öffnung des Laufbahnsystems, eine Stärkung des Leistungsgedankens und eine Reform des Tarifrechts ausgerichtet ist, kommt eine wesentliche Bedeutung zu.

Ergänzende spezifische Handlungsempfehlungen an die Politik und die öffentlichen Dienstleister:

- Die Möglichkeiten zum Outsourcing zwischen Gemeinden, zum Beispiel im Bereich der Abfallwirtschaft oder der Rettungsdienste, sollten stärker ausgeschöpft werden.
- Zu schaffen sind neuartige öffentliche Dienstleistungen, beispielsweise zur Entwicklung der kulturellen Attraktivität oder Kreativität von Regionen.
- Bedeutsam ist weiterhin die Entwicklung nutzer- und aufgabengerechter Anwendungssysteme (Soft- und Hardware) für telegestützte Bürgerdienstleistungen und multifunktionale Servicebüros.

*b) Soziale und Gesundheitsdienstleistungen*

Kennzeichnend für die derzeit in Deutschland laufende Diskussion um einen notwendigen Umbau des Sozialstaates zur Sicherung der internationalen Wettbewerbsfähigkeit ist, daß sie in einem hohen Maße defensiv geführt wird. Vorgeschlagene Maßnahmen konzentrieren sich vor allem auf den Abbau sozialstaatlicher Leistungen. Dabei gerät allzu schnell aus dem Blick, daß der moderne Sozialstaat eine Wohlstandssteigerung entfaltet, eine positive Beschäftigungswirkung ausübt und für soziale Stabilität im Gemeinwesen der Bundesrepublik Deutschland sorgt. Auf der anderen Seite gibt es jedoch genügend Gründe, seine Wirksamkeit, Wirtschaftlichkeit und Innovationskraft zu hinterfragen.

Ein bloßer Abbau von Sozialleistungen bietet aber keine Gewähr für eine Durchsetzung neuer Arbeits- und Beschäftigungselemente. Erforderlich ist vielmehr eine qualitätsorientierte Umgestaltung des Sozialstaates. Dabei ist die weitere Entwicklung und Auffächerung qualifizierter haushalts- und personenbezogener Dienstleistungen – speziell im Bereich der sozialen und Gesundheitsdienste – gerade aus beschäftigungspolitischer Sicht von besonderem Interesse.

Die derzeit angespannte Lage im Gesundheitssektor läßt jedoch auf den ersten Blick kaum Spielraum für die Finanzierung neuer, zusätzlicher sozialer oder Gesundheitsdienste. Deshalb kommt innovativen wohlfahrtspluralistischen Konzepten der Entwicklung einer Beschäftigungs- beziehungsweise Dienstleistungspolitik jenseits von einseitigen staats- oder marktorientierten Strategien eine wachsende Bedeutung zu.

Hier könnte insbesondere der „Dritte beziehungsweise Non-Profit-Sektor" eine Schlüsselrolle einnehmen, wenn es diesem Bereich gelingt, öffentliche und private Mittel zu bündeln und durch die Art der angebotenen Dienste und ihrer Vermarktung die Nutzungsbereitschaft zu erhöhen. So gibt es beispielsweise im Bereich der persönlichen sozialen Dienstleistungen (PSD) eine Angebots-Nachfrage-Dynamik oft erst dann, wenn diese Sektoren miteinander verschränkt werden, statt lediglich als konkurrierende oder alternative Angebotsformen zu funktionieren (Entwicklung neuer Trägerformen; Stärkung der Bereitschaft, für PSD über sozialstaatliche Leistungen hinaus privat zuzuzahlen; Stärkung von Selbsthilfe und freiwilligem Engagement).

Neue Wachstumspotentiale ergeben sich auch im Bereich der Prävention und des Arbeits- und Gesundheitsschutzes. Hier machen die sozio-ökonomischen Trends die Entwicklung neuer wissensgestützter, unternehmensübergreifender Präventionsdienstleistungen erforderlich.

Diese Entwicklung eröffnet auch wirtschaftliche Potentiale, zum Beispiel im Export von Präventionsdienstleistungen und des dazu gehörenden Know-hows, insbesondere in Länder, welche derzeit den Aufbau eines sozial-marktwirtschaftlichen Wirtschaftssystems betreiben.

Handlungsempfehlungen an die Politik:

- Es besteht ein Bedarf nach Regulierung des Verhältnisses zwischen staatlicher Einflußnahme einerseits und Selbstverwaltung andererseits. Politik im Bereich des Gesundheits- und Sozialwesens muß deutlichmachen, welcher Stellenwert der Selbsthilfe, dem freiwilligen Engagement und dem zivilen Dienst im Rahmen eines zukunftsorientierten Leitbilds sozialer und gesundheitlicher Dienste und Einrichtungen eingeräumt werden soll.

- Es ist gesellschaftlich beziehungsweise politisch zu entscheiden, welche Leistungen im System der Wohlfahrtsschaffung von Solidarsystemen wie der Kranken- und Rentenversicherung zu tragen sind und welche durch andere Quellen finanziert oder durch staatliche Einrichtungen erbracht werden sollen.

- Hiervon getrennt zu betrachten ist, wie diese Leistungen erbracht werden. So kann etwa durch eine Deregulierung der Leistungserbringung in vielen Fällen mit den staatlich beziehungsweise solidarisch bereitgestellten Mitteln effizienter gewirtschaftet werden.

Handlungsempfehlungen an die Dienstleistungsorganisationen:

- Klienten und Konsumenten sollten in die Planung und Aushandlung konkreter Versorgungslösungen einbezogen werden. Gedacht ist beispielsweise an eine Einbeziehung der Bürgerinnen und Bürger in die kommunale Gesundheitspolitik durch Impulse zu einem kontinuierlichen Lernprozeß (etwa durch Modellprojekte), der den Boden für eine regionalisierte Gesundheits- und Sozialpolitik bereitet.
- Gesundheitsförderung durch Arbeits- und Organisationsgestaltung (nicht nur) im öffentlichen Dienst und dem Gesundheitswesen zur Steigerung der Produktivität und zur Kostendämpfung; Gesundheitsförderung ist investiv, nicht konsumtiv.

Ergänzende spezifische Handlungsempfehlungen an die Politik:

- Möglichkeiten der Deregulierung sind im Rahmen zeitlich und räumlich begrenzter Experimente zu erproben. Die versuchsweise Anwendung neuer Versorgungsformen muß vereinfacht werden (zum Beispiel auf dem Gebiet integrierter ambulanter Modelle für chronisch Kranke oder von Krankenhäusern mit ambulanter Abteilung).

- Der Staat sollte seine neue Rolle als Moderator und als Organisations- und Personalentwickler im Gesundheitswesen wahrnehmen.
- Es ist ein Prozeß- und Schnittstellen-Management zu entwickeln, das Kooperation und Vernetzung der verschiedenen Träger fördert.
- Bei den Trägern im Sozial- und Gesundheitswesen sollte ein komplementäres System im Sinne einer „mixed economy" eingeführt werden, in dem Wirtschaftlichkeit und Qualitätsorientierung zentrale Werte darstellen.
- Staatliche Transferzahlungen an Privatpersonen müssen vereinfacht und transparent gemacht werden.

### Aufgabenbereich 3: Telekommunikationsnetze und Zugang zu Informationen

Viele neue Dienstleistungen setzen einen offenen Zugang zu Informationen und Wissensbeständen voraus. Hierfür bietet der „Information-Highway" hervorragende Bedingungen. Er stellt ein ideales Experimentierfeld und einen Nährboden für zahlreiche kreative Innovationen dar. Die Nutzung der neuen Informations- und Kommunikationstechniken und die zunehmende Inanspruchnahme des Internet durch die Wirtschaft eröffnen die Möglichkeit eines globalen Strukturwandels mit tiefgreifenden Veränderungen von Märkten, Unternehmen und öffentlichen Verwaltungen. Insofern sind die Bereitstellung leistungsfähiger und preisgünstiger Telekommunikationsnetze sowie die Entwicklung verbesserter Server und Endgeräte (inklusive geeigneter Software) in einem ersten Schritt als notwendige Infrastrukturmaßnahmen zur Stärkung des Dienstleistungsbereichs zu betrachten.

Darüber hinaus erfüllen sie jedoch auch eine wichtige gesellschaftspolitische Aufgabe, indem sie dazu beitragen, die informationelle Grundversorgung und Selbstbestimmung der Bürgerinnen und Bürger zu gewährleisten.

Handlungsempfehlungen an die Politik:

- Die erforderlichen ordnungspolitischen Rahmenbedingungen zur Gewährleistung einer flächendeckenden und erschwinglichen Verfügbarkeit von Netzen und Diensten sowie die Sicherung des freien Zugangs zu neuen Medien und Kommunikationsnetzen müssen in ausreichendem Maße umgesetzt werden.

- Unter den Netz- und Diensteanbietern ist ein möglichst großer Wettbewerb zu gewährleisten.

- Von maßgeblicher Bedeutung ist weiterhin der Aufbau eines Hochgeschwindigkeitsnetzes für Universitäten und Forschungseinrichtungen, der sowohl im Bereich der Verbindung mehrerer, selbständig bestehender Teilnetze („Backbone-Bereich") als auch im Anschlußbereich vorangetrieben werden muß. Ein möglichst flächendeckender Anschluß der öffentlichen Verwaltung wie auch der Schulen ist anzustreben.

- Es besteht die Notwendigkeit, einen Grundstandard an organisatorischen und technischen Sicherheitsmaßnahmen zu erarbeiten und festzulegen, der den Betroffenen ein Höchstmaß an Anonymität gegenüber den Netzbetreibern und Dienstleistungsanbietern sichert.

- Im Bereich der Verschlüsselung von Nachrichten und Informationen (Kryptografie) besteht nach Einschätzung von Experten kein Regulierungsbedarf. Wohl aber wird im Telekommunikationsbereich Bedarf für eine kleine, kompetente Regulierungsinstanz („Regulierungsrat") gesehen, die Durchführungsbestimmungen für einen freien Markt bewertet und umsetzt.
- Zugangsverfahren und -rechte auf Informationen (zum Beispiel Datenschutz) sind zu klären und zu regeln.
- Im bislang gesetzlich nicht geregelten und daher unsicheren Bereich der Urheber-Persönlichkeitsrechte besteht Regelungsbedarf. Erforderliche Abhilfe sollte im Sinne lizenzierbarer, konkret festgelegter Eingriffe geschaffen werden.

Handlungsempfehlungen an die Unternehmen:

- Zu erarbeiten sind informationstechnische Sicherheitskonzepte, die Sicherheitsfunktionen für den Zugang zu Informationssystemen, den Zugriff auf Daten und Informationen, die Identifizierung und Authentisierung der Kommunikationsteilnehmer für vertrauliche Kommunikation, für Protokollierung, Sicherheits-Audits etc. enthalten.

Ergänzende spezifische Handlungsempfehlungen an die Unternehmen:

- Wissen und Informationen sollten zielgruppenspezifisch und flächendeckend strukturiert und verteilt werden. (Distributionsnetze ermöglichen Zugang für jedermann an jedem Ort.) Dies kann beispielsweise durch die Entwicklung technischer und personeller Medienassistenten zur Bewältigung der Informationsflut sowohl für private als auch für professionelle Anwendungen bewerkstelligt werden.

Ergänzende spezifische Handlungsempfehlungen an die intermediären Instanzen:

- Verbraucherschutzverbände sollten künftig Medienberatungs-Dienstleistungen anbieten. Vorstellbar ist eine „Stiftung Warentest" für Mediendienstleistungen.

Diese hiergenannten Handlungsempfehlungen werden durch aktuelle Diskussionen im Kontext anderer, themenverwandter Initiativen unterstrichen beziehungsweise ergänzt; so beispielsweise durch die Arbeit des Rates für Forschung, Technologie und Innovation („Technologierat") des Bundeskanzlers, die Diskussionen der Enquete-Kommission „Zukunft der Medien in Wirtschaft und Gesellschaft – Deutschlands Weg in die Informationsgesellschaft" des Deutschen Bundestages und die Beratungen über das Informations- und Kommunikationsdienste-Gesetz.

## Aufgabenbereich 4: Vernetzung von Wissenschaft und Praxis

Von der Forschung sind entscheidende Impulse für eine Mobilisierung von Innovationspotentialen zu erwarten. Eine maßgebliche Blockade besteht jedoch darin, daß Forschung traditionell eher am Produktionsbereich orientiert ist. Aus diesem Grund muß eine stärkere Ausrichtung staatlicher Programme auf dienstleistungsspezifische Forschungsschwerpunkte als dringlich angesehen werden. Forschung muß in stärkerem Maße als eine Dienstleistungsfunktion für die Gesellschaft begriffen werden. Dies erfordert unter anderem auch einen Wandel im Selbstverständnis der Mentoren von Nachwuchswissenschaflerinnen und -wissenschaftlern sowie bei diesen selbst. Forschung muß künftig als Lieferant von Voraussetzungswissen für praktisch alle Dienstleister verstanden werden.

Ein solches gewandeltes Selbstverständnis von Forschung ist auch in die Heranbildung des wissenschaftlichen Nachwuchses zu integrieren. Hervorzuheben sind hierbei die Förderung des Dienstleistungsbewußtseins als Qualifizierungsinstrument, ein „Marketinginstinkt" (im wohlverstandenen Sinne) für Forschungsleistungen, die Entwicklung überfachlicher Kompetenzen auf Gebieten wie Sprache, Medienzusammenarbeit und Kooperationsbereitschaft sowie schließlich ein Transparentmachen eigener Ziele und Ergebnisse.

Von einer Dienstleistungsforschung sind jedoch nur dann Impulse zu erwarten, wenn sie mit eingefahrenen Gewohnheiten und Regeln bricht. Um Impulse aus der Forschung besser zur Anwendung zu bringen, ist eine engere Verzahnung von Wissenschaft und Praxis notwendig, die den Informationsfluß in beide Richtungen gewährleisten kann.

Dies kann beispielsweise durch eine Integration von Forschungseinrichtungen in Unternehmensnetzwerke geschehen. Außerdem müssen auch bei der Verbreitung und Vermarktung wissenschaftsbezogener Inhalte neue Wege beschritten werden. Schließlich ist von besonderer Wichtigkeit, daß Forschung auch die besonderen Bedürfnisse von kleinen und jungen Unternehmen berücksichtigt.

Handlungsempfehlungen an die Politik:

- Wissenschaft und Wirtschaft müssen besser verzahnt werden. Dies kann beispielsweise durch Technologieförder- und Beratungsprogramme zur Erleichterung des Übergangs von der Wissenschaft zur Selbständigkeit bewerkstelligt werden.

- Um neue Akteure und Kristallisationskerne im Dienstleistungsbereich zu erschließen, sind Forschungsergebnisse durch ein entsprechendes Marketing und durch Öffentlichkeitsarbeit zugänglich zu machen. So können beispielsweise professionelle privatwirtschaftliche Institutionen mit der Vermarktung von Forschungsergebnissen beauftragt werden.

- Der Wissenstransfer sollte durch die Gründung von Innovationsforen ausgebaut werden.

- Um die Wettbewerbsfähigkeit der Informationswirtschaft zu steigern, sollten interdisziplinäre Projekte an Hochschulen und Forschungseinrichtungen koordiniert werden.

Handlungsempfehlungen an die Unternehmen und die Wissenschaftseinrichtungen:

- Der Personalaustausch zwischen Forschungseinrichtungen und Dienstleistungsunternehmen ist zu intensivieren.

Ergänzende spezifische Handlungsempfehlungen an die Unternehmen und die Wissenschaftseinrichtungen:

- Es sollte ein elektronischer Forschungsmarktplatz Dienstleistungen eingeführt werden.

- Deutsche Unternehmen und Forschungseinrichtungen könnten dem Beispiel ihrer ausländischen Konkurrenten folgen und verstärkt reale oder virtuelle Tochterabteilungen im Ausland gründen.

- Anzustreben ist eine stärkere Kooperation zwischen Wissenschaftsinstitutionen und Unternehmen, zum Beispiel durch Ausgründungen und eine Öffnung der Universitäten.

## Handlungsfeld II: Mobilisierung von Dienstleistungsinnovationen

Von der gezielteren Generierung und Förderung von Dienstleistungsinnovationen hängt eine eventuelle zukünftige Spitzenposition der deutschen Dienstleistungswirtschaft in entscheidendem Maße ab. Handlungsempfehlungen zu diesem

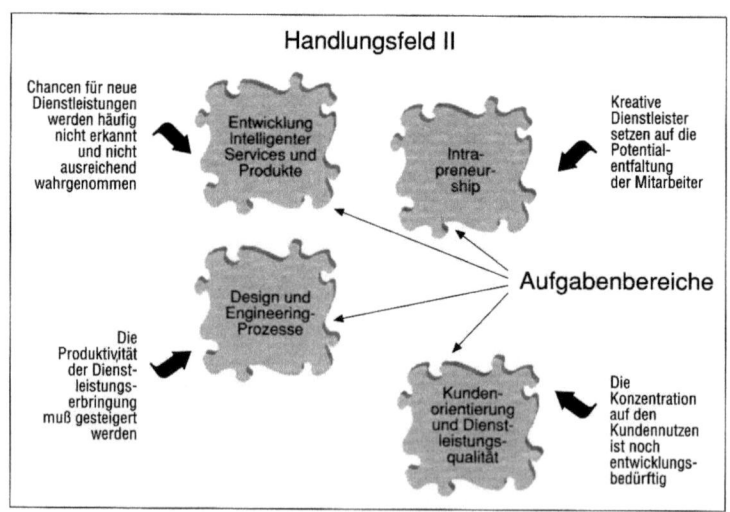

*Abbildung 4:* Handlungsfeld II: Mobilisierung von Dienstleistungsinnovationen

Themenfeld sind in den folgenden vier Aufgabenbereichen gebündelt: Entwicklung intelligenter Services und Produkte, Design- und Engineering-Prozesse, Kundenorientierung und Dienstleistungsqualität sowie Intrapreneurship (Abbildung 4).

## Aufgabenbereich 1: Entwicklung intelligenter Services und Produkte

Dienstleistungsunternehmen haben nur dann Aussicht auf wirtschaftlichen Erfolg, wenn sie ein innovatives und attraktives Angebot bieten. In Deutschland wie auch in anderen Ländern ist zu beobachten, daß Innovationen zwar als unabdingbare Voraussetzung für technologische Entwicklungen erkannt und anerkannt werden, die Bedeutung von Weiterentwicklungen und Innovationen im Bereich Dienstleistungen jedoch kaum die notwendige Beachtung findet. Ein weiteres gravierendes Manko besteht darin, daß Dienstleistungsinnovationen derzeit vom Patentschutz ausgeschlossen sind. Es gilt also nicht nur, Chancen für innovative Dienstleistungsanbieter auszuloten. Vielmehr muß auch die Frage beantwortet werden, wie solche Anbieter Produktionsunternehmen gleichgestellt und wie Dienstleistungsinnovationen geschützt werden können.

Allein die kontinuierliche Beobachtung des Unternehmensumfeldes ermöglicht es, sich entwickelnde Marktchancen frühzeitig zu erkennen. Dies gilt in besonderem Maße, doch keineswegs ausschließlich, für den von Modeströmungen abhängigen Kultur- und Freizeitbereich. Hier ist der Markt nur durch ein erweitertes Angebot an völlig neue Zielgruppen, durch ständige und flexible Anpassung an sich abzeichnende Trends und an ein sich änderndes Freizeit- und Konsumverhalten erschließbar und sicherbar. Viele Dienstleister führen lediglich rudimentäre Marktanalysen durch. Marktnischen werden kaum systematisch aufgespürt und besetzt. Allzu selten werden Erfolgspotentiale erkannt und genutzt, die sich beispielsweise an den Schnittstellen zwischen Produktion und Dienstleistung und im Zuge der Neuformierung von Wertschöpfungsketten ergeben.

Handlungsempfehlungen an die Politik:

- Es müssen die rechtlichen Voraussetzungen für einen Patentschutz von Dienstleistungen geschaffen werden.

- Innovationen können durch Initiierung von Ideenwettbewerben oder durch Innovations- und Förderungspreise für bestehende wie neue Dienstleistungen stimuliert werden.

Handlungsempfehlungen an die Unternehmen:

- Erforderlich ist eine gezielte Beobachtung der sich entwickelnden Strukturen. Bestehende Wertschöpfungsketten sollten systematisch auf besetzbare Dienstleistungslücken überprüft werden.

- Lebenswichtige Unternehmens- und Marktinformationen müssen aufgebaut, sorgfältig gepflegt und gewartet werden. Sie sollten in Datenbanken bereitgestellt werden.

Ergänzende spezifische Handlungsempfehlungen an die Politik:

- Innovative Dienstleister, die ihre Leistungsangebote quer zu existierenden Branchen entwickeln, sollten gefördert werden.

- Weiterhin sind Fördermöglichkeiten für dienstleistungstypische, „nicht-materielle" Investitionen in zukunftsweisendes Know-how zu entwickeln (im Unterschied zur klassischen kapitalorientierten Förderung).

Ergänzende spezifische Handlungsempfehlungen an die Unternehmen:

- Notwendig erscheint die Entwicklung innovativer Produkte im Finanzdienstleistungsbereich, die standortunabhängig erbracht werden können und den Kunden einen Mehrwert bieten.

- Erforderlich ist auch die Schaffung neuer Dienstleistungsangebote gegebenenfalls zur Vernetzung von Produktion und Dienstleistung (Engineering des Kundennutzens), zum Beispiel durch die Bereitstellung von Verfahren für das Erkennen kundenorientierten Bedarfs (Bürgerbeteiligung, Verwaltungstransparenz).

### Aufgabenbereich 2: Design und Engineering-Prozesse

Entwicklung und Erbringung von Dienstleistungen sind häufig von einer Praxis des Improvisierens und „muddling through" gekennzeichnet. Insbesondere bei jungen Dienstleistungsunternehmen ähnelt ein Angebot häufig eher einem handwerklichen Unikat als einem industriellen Produkt – mit entsprechenden wirtschaftlichen Konsequenzen. Effizienz- und qualitätssteigernde Effekte sind vor allem durch eine Erhöhung der Transparenz von Abläufen und – falls möglich – einer „Produktisierung" der Dienstleistung zu erwarten. Auf der industriellen Seite – etwa bei maschinenbaunahen Dienstleistungen – sind bereits Standardisierungsbemühungen im

Bereich der Modellierung und Steuerung von Geschäftsprozessen zu verzeichnen, während solche Ansätze in anderen Dienstleistungsbereichen fast völlig fehlen (Gesundheitswesen, öffentliche Verwaltung, Mediendienste).

Handlungsempfehlungen an die Unternehmen:

- Service Engineering und Service Design müssen optimiert, die Entwicklungszyklen für „Dienstleistungsprodukte" verkürzt werden.

- Neue Techniken sind im Hinblick auf ihre Einsatzmöglichkeiten zur Erfüllung bisheriger und neuer Dienstleistungen systematisch zu analysieren. Das gilt auch für den Einsatz von Informations- und Kommunikationstechnologien für eine verbesserte Kommunikation mit Kunden sowie für die Ausnutzung technischer Potentiale.

- Empfehlenswert ist weiterhin die Entwicklung von Instrumenten zur systematischen Analyse des gesamten Erstellungsprozesses. Vorhandene industriegeprägte Analyseinstrumente vernachlässigen interaktive Erstellungsprozesse bei Dienstleistungen und müssen deshalb angepaßt werden.

Ergänzende spezifische Handlungsempfehlungen an die Politik:

- Sinnvoll und notwendig erscheint eine zeitlich befristete Einrichtung medienorientierter Kompetenzzentren und Transferzentren, um das für die Optimierung von Geschäftsprozessen in den Medienunternehmen notwendige Know-how zu vermitteln.

- Zu empfehlen ist außerdem die Einrichtung eines Technologietransferzentrums „Computer Integrated Banking (CIB)".

Ergänzende spezifische Handlungsempfehlungen an die Unternehmen:

- Zur technologischen Sicherung der strategischen Flexibilität sollte ein zukunftsoffenes Informatikkonzept für Finanzdienstleister (Electronic Banking Platform) entwickelt werden.

## Aufgabenbereich 3: Kundenorientierung und Dienstleistungsqualität

Zu den Besonderheiten von Dienstleistungen zählt die Einbindung der Kunden in den Prozeß der Leistungserstellung. Verglichen mit einem Industrieprodukt, das ein physisches Eigenschafts- und Qualitätsprofil aufweist, und einer unter „Ausschluß" der Kunden vonstatten gehenden industriellen Produktion, unterliegt die Dienstleistungsqualität stärker subjektiven Bewertungsmaßstäben beziehungsweise weniger kontrollierbaren Einflußgrößen. Generell gilt, daß Wissen um qualitätsbeeinflussende Wirkungszusammenhänge und um spezifische Analyse- und Bewertungsraster für einzelne Funktionen für den Dienstleistungsbereich fehlt.

Die bestehenden Instrumente des Industriesektors erfassen nur Teilbereiche und vernachlässigen dienstleistungsspezifische Besonderheiten. Eine Erschließung der Erfahrungen von Mitarbeitern an der Schnittstelle zum Kunden eröffnet die Möglichkeit, unausgeschöpfte Qualitätspotentiale zu nutzen.

Handlungsempfehlungen an die Politik und die intermediären Instanzen:

- Qualitätskriterien müssen definiert und durchgesetzt werden. Im Hinblick auf Leistungsprofile für unterschiedliche Dienstleistungsbereiche ist Transparenz zu gewährleisten. Verbraucher- und andere Nutzerverbände sollten bei der (Weiter-) Entwicklung von Qualitätskriterien einbezogen werden.
- Um Qualitätskriterien im Dienstleistungsbereich durchzusetzen, empfiehlt sich der Ausbau öffentlicher und intermediärer Beratungs- und Kontrollkapazität.
- Erforderlich ist auch ein Kompetenzzentrum „Telekooperation". Es erfüllt die Funktion einer zielgruppenspezifischen Nutzerberatung, der Rückkopplung von Nutzererfahrungen in die Technikentwicklung und schließlich die der Förderung von Innovationskooperationen.

Handlungsempfehlungen an die Unternehmen:

- Das Kundenmanagement muß ausgebaut und professionalisiert werden: Kunden sind verstärkt in den Leistungserstellungsprozeß einzubeziehen (zum Beispiel durch ein aktives Beschwerdemanagement).
- Zu fördern ist ein unternehmerisches Selbstverständnis als Dienstleister. Eingefahrene Denkweisen müssen im Unternehmen selbst überwunden werden. Anzustreben ist eine Veränderung der kognitiven Landschaften und kulturellen Faktoren im Unternehmen durch eine Qualifizierung und Organisationsentwicklung, die auf eine Steigerung der Funktions- und Serviceorientierung hin angelegt ist.

- Die Reorganisation der unternehmerischen Leistungserstellungsprozesse an der Schnittstelle zum Kunden stellt eine wesentliche Aufgabe dar. Es sollten Rückkopplungsmechanismen zur Erfassung nichterfüllter Kundenwünsche etabliert sowie neue Formen der Arbeitsorganisation und des Vertriebs zur Steigerung von Flexibilität und Kundenservice (zum Beispiel im Bereich der Finanzdienstleistungen) erarbeitet werden.

- Unternehmensinterne Faktoren wie Personal, Technik, Strukturen und Prozesse sind auf ihre Bedeutung für die Dienstleistungsqualität zu überprüfen.

### Aufgabenbereich 4: Intrapreneurship

In vielen klassischen Dienstleistungsbereichen wie etwa bei den Finanzdienstleistern stößt der rasche technische Wandel tiefgreifende strategische Veränderungen an. Hieraus ergeben sich ebenso tiefgreifende Veränderungen im organisatorischen Aufbau und den Abläufen, die wiederum eine veränderte Personalpolitik erforderlich machen. Gleichzeitig bewirken die Aufhebung von Handelsbarrieren und der Einsatz moderner Kommunikationstechnologien eine immer weniger nationale Ausrichtung von Angebot und Nachfrage. Eine Folge davon ist die zunehmende Bedeutung von Kompetenzen im Umgang mit verschiedenen Kulturen, Sprachen und Problemlösungsansätzen. Solche Mitarbeiterkompetenzen werden zu einer entscheidenden Größe für die Innovationsfähigkeit und Leistungsbereitschaft von Dienstleistungsorganisationen.

Hierbei sind zwei unterschiedliche Tendenzen beobachtbar: So entstehen beispielsweise im Bereich der Mediendienste neue Tätigkeitsfelder mit völlig neuen Qualifikationsanforderungen, auf die weder die Unternehmen noch die Bildungsträger ausreichend vorbereitet sind. Andererseits werden in vielen Dienstleistungsbereichen vorhandene Qualifikationen nicht genutzt, weshalb sie langfristig zum Verkümmern verurteilt sind.

Beides macht es dringend erforderlich, lernförderliche Arbeitsorganisationen zu verwirklichen. Diese eröffnen die Chance, die Innovationsfähigkeit der Unternehmen auch in diesen Bereichen durch Kompetenzentwicklung der Mitarbeiter zu steigern. Neben den nachstehend aufgeführten Empfehlungen sind für diesen Aufgabenbereich auch die Empfehlungen aus dem Handlungsfeld Infrastrukturdienstleistungen (Qualifikation, Bildungssysteme und neue Berufsbilder) zu berücksichtigen.

Handlungsempfehlungen an die Dienstleistungsorganisationen:

- Eine Dienstleistungs- und Innovationskultur kann durch Selbstorganisation und durch selbstgesteuertes Lernen gefördert werden.

- Kreativität muß in Wertschöpfungsprozesse integriert werden. Dies kann beispielsweise durch eine Aktivierung der Innovationspotentiale von Mitarbeitern durch entsprechende Anreizsysteme bewerkstelligt werden.

- Notwendig erscheinen die Entwicklung und der Einsatz dienstleistungsspezifischer Kompetenzentwicklungsmaßnahmen wie eine forcierte Aus- und Weiterbildung der Mitarbeiter durch interne und externe Schulungen und Seminare zur Förderung von Medienentwicklungskompetenz.

- Wesentlich sind schließlich auch eine lernförderliche Arbeitsgestaltung, die Etablierung selbstlernender Organisationsstrukturen sowie der Abbau von Qualifizierungs- und Professionalisierungsbarrieren in der betrieblichen Organisation von Arbeit.

Ergänzende spezifische Handlungsempfehlungen an die Dienstleistungsanbieter:

- Es müssen Instrumente geschaffen werden, die einen geregelten Know-how-Transfer zwischen Mitarbeitern ermöglichen.
- Bei den Finanzdiensten sollte eine Qualifikationsoffensive gestartet werden.
- Wünschenswert und notwendig ist die Bildung von Pilotkooperationen über Branchen und Grenzen hinweg, um Erfahrungen zu sammeln und diese in neue Lernformen zu integrieren.

## Handlungsfeld III: Neue Unternehmen und neue Märkte

Handlungsfeld III wendet sich wie Handlungsfeld II den Dienstleistungsorganisationen selbst zu. In drei Aufgabenbereichen werden die besondere Rolle, die kleine und mittlere Unternehmen (KMU) sowie Existenzgründer für eine sich abzeichnende Dienstleistungswirtschaft spielen, die Bedeutung von Kooperationen und Allianzen auf (international) umkämpften Dienstleistungsmärkten sowie Erschließungsstrategien für neue Märkte hervorgehoben (Abbildung 5).

252 *Handlungsempfehlungen*

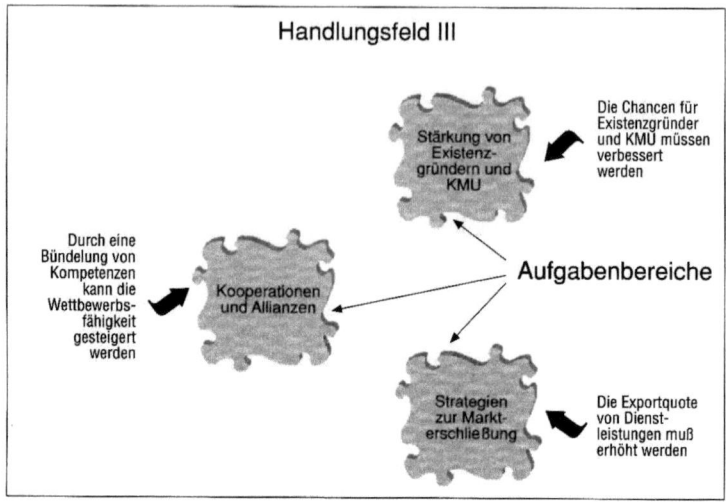

*Abbildung 5:* Handlungsfeld III:
Neue Unternehmen und neue Märkte

## Aufgabenbereich 1: Stärkung von Existenzgründern sowie kleinen und mittleren Unternehmen (KMU)

Neue Arbeitsplätze entstehen im Dienstleistungsbereich vor allem bei kleinen und mittleren Betrieben sowie durch Neugründungen. Hervorzuheben ist auch der innovative Beitrag, den KMU im Dienstleistungsbereich leisten. Deswegen muß speziell für diese Gruppen geprüft werden, inwieweit durch Deregulierung, Vereinfachung und Transparenz (zum Beispiel Steuergesetzgebung) Hemmnisse beseitigt und ein stimulierendes Umfeld geschaffen werden kann.

Darüber hinaus bedarf es einer neuen Innovations- und Risikokultur. Erst wenn das Risiko eines Fehlschlags nicht mehr zum finanziellen Aus und zu einer gesellschaftlichen Stigmatisierung führt, werden die Grundlagen für mehr Wettbewerbsdenken und Unternehmertum geschaffen. Die Entwicklung eines Seed-Capital-Marktes und neue Konzepte, um den Forschungsmarkt auch für KMU bis hin zu Mikrounternehmen besser zu erschließen, können hier neue Anstöße geben. Durch Vereinfachungen bei der Börseneinführung von KMU wird der Dienstleistungsbereich für den Risikokapitalmarkt interessanter werden. Neben der Förderung von Existenzgründungen und von KMU ist im ordnungspolitischen Schutz kleiner und mittlerer Unternehmen ein weiterer wichtiger Handlungsbedarf zu sehen. KMU-Dienstleister kommen auf den zunehmend oligo- und monopolistischen Dienstleistungsmärkten immer mehr in Bedrängnis. Aufgrund der Vielzahl der hier genannten Empfehlungen erfolgt die Darstellung getrennt: a) Empfehlungen bezüglich Existenzgründungen und b) bezüglich KMU.

*a) Stärkung von Existenzgründern*

Handlungsempfehlungen an die Politik:

- Es müssen mehr Wagniskapitalfonds gebildet werden, die sich an neuen, aussichtsreichen aber riskanten Unternehmungen beteiligen, zum Beispiel auch durch die Schaffung eines Instrumentariums steuerlicher Anreize für die Beteiligung an jungen Firmen. Ein Seed-Capital-Markt ist zu entwickeln und eine Rekapitalisierung von Kleinunternehmen abzusichern („2. Börse").

- Der Zugang zu Risikokapital muß für Neugründer erleichtert werden. Staatliche Stellen sollten Anreize für Banken schaffen, die Bewertung von KMU nicht nur nach vorhandenen materiellen, sondern auch noch verfügbaren oder zu erwartenden immateriellen Werten (Konzepten) vorzunehmen.

- Erweiterte und gezieltere Informations-, Beratungs- und Schulungsangebote im Dienstleistungsbereich könnten zu mehr Gründungen führen, zum Beispiel im Hochschulbereich, im Bereich der häuslichen Pflege und Kinderbetreuung, im Kommunalbereich (Privatisierung kommunaler Dienstleistungen) sowie im Privatbereich (Absenkung der Markteintrittsschwellen).

- Die schwer überschaubare Menge von Förderprogrammen für Existenzgründer sollte reduziert werden (Schaffung von mehr Transparenz). Zudem ist zu überlegen, ob nicht Kürzungen von Förderprogrammen zugunsten einer besseren Unterstützung der Bildung von Eigenkapital und des Abbaus von betrieblichen Steuern effizienter wäre.

Handlungsempfehlungen an die intermediären Instanzen:

- Existenzgründer sollten in der Existenzgründungsphase „an die Hand genommen" werden (Angebot einer anfänglichen Prozeßbegleitung).

- Banken müssen unterstützt werden, wenn es um die – für sie oft fast unmögliche – Beurteilung der Erfolgsaussichten eines Gründungsprojektes geht, zum Beispiel durch Netzwerke für Technologie-Gutachten zwischen Banken und wissenschaftlichen und technischen Institutionen.

- Eine Bilanz von gescheiterten Existenzgründern zur besseren Weitergabe ihrer Lernerfahrungen sollte erstellt werden.

- Erleichterung der Gründung, Erweiterung oder Verlegung von kleinen Betrieben durch die Einrichtung eines zentralen Servicebüros der Kommune für ansässige und zukünftige Unternehmen („one-face-to-the-customer").

*b) Stärkung kleiner und mittlerer Unternehmen*

Handlungsempfehlungen an die Politik:

- Dienstleistungs- und Produktionsunternehmen sollten gleich behandelt werden (zum Beispiel in bezug auf Schutz und Förderung von Dienstleistungsinnovationen, Wirtschaftsförderung, Forschungsförderung; in Bilanzen sind immaterielle Leistungen ebenfalls zu bewerten).
- In Bilanzierungsvorschriften besteht Änderungsbedarf. Die Aktivierung immaterieller Vermögensgegenstände (Patente und/oder Software) muß zulässig sein, so daß innovativen KMU die Beschaffung von Fremdkapital erleichtert wird.
- Es müssen wettbewerbliche Rahmenbedingungen geschaffen werden, die einen fairen Wettbewerb zwischen KMU und solchen Großunternehmen erlauben, die aufgrund der Betätigung in lukrativen Geschäftsbereichen mit Monopolstellung über eine bessere finanzielle Grundlage verfügen.
- Die Steuergesetzgebung für KMU sollte transparenter gestaltet werden (insbesondere im Bereich Sozialversicherungsgesetzgebung).

Handlungsempfehlungen an die KMU:

- Die telekommunikative Vernetzung von KMU zur Steigerung ihrer Marktmacht sollte intensiviert werden (siehe folgender Aufgabenbereich).

Handlungsempfehlungen an die intermediären Instanzen, die Industrie- und Handelskammern und die Handwerkskammern:

- Es sollten elektronische Kooperationsbörsen für KMU eingerichtet werden, um beispielsweise mittelständische Mediendienstleister bei der Bildung von strategischen – auch supranationalen – Allianzen zu unterstützen.

Ergänzende spezifische Handlungsempfehlungen an die Politik:

- Die Senkung der Verwaltungskosten und des Zeitaufwands für bürokratische Hilfsdienste des Staates, die vor allem Kleinbetriebe schwer belasten, muß intensiv angestrebt werden.
- Die gezielte gesetzliche, organisatorische und finanzielle Unterstützung von Mikrounternehmern sollte forciert werden (zum Beispiel bildungsorientierte Unterstützung).
- Die Möglichkeit der Abschreibung von GmbH-Anteilen im Verlustfall sowie die steuerliche Begünstigung von Verlusten sollte überprüft werden.

### Aufgabenbereich 2: Kooperationen und Allianzen

Aufgrund der starken Dynamik in zunehmend globalen Märkten (individuellere Kundenansprüche, stärkere Kundenmacht, tiefgreifende technologische Entwicklungen) steigen die Anforderungen an die Dienstleistungsunternehmen, strategische und operative Entscheidungen zu treffen und entsprechende Maßnahmen zur Stärkung der eigenen Wettbewerbsposition zu ergreifen. In diesem Zusammenhang kommt der Gestaltung und Optimierung sowohl unternehmens- als auch länderübergreifender Geschäftsprozesse besondere Bedeutung zu. Es ist zu erwarten, daß sich – beispielsweise im integrierten Medienmarkt – durch die Strukturierung neuer kooperativer Zulieferer-/Abnehmerverhältnisse zwischen Small, Local und Global Playern wesentliche Wachstumspotentiale ergeben.

Nach Ansicht der internationalen Experten stellt die Fähigkeit, Netzwerke zu bilden (sowohl zwischen KMU als auch zwischen dem privaten und dem öffentlichen Sektor), eine der in Deutschland vorhandenen Stärken dar. Die Dienstleistungsinitiative des BMBF ist hierfür ein ausgezeichnetes Beispiel. Diese Netzwerke rund um Dienstleistungen zwischen den unterschiedlichen Akteuren aus Politik, den Verbänden, der Privatwirtschaft und der Forschung müssen weiter verstärkt werden. Die Bildung strategischer Allianzen und Kooperationen eröffnet insbesondere für KMU die Chance, auf den internationalen Märkten erfolgreich aufzutreten.

Handlungsempfehlungen an den Gesetzgeber:

- Im Bereich des Kartellrechts müssen die rechtlichen Rahmenbedingungen zur Bildung strategischer – auch virtueller – Allianzen geschaffen werden.

Handlungsempfehlungen an die Unternehmen:

- Kooperationsnetzwerke (zum Beispiel Engineering-Netzwerke) sind einzurichten, die eine Kapazitätsausweitung, umfassendere Angebote sowie durchgängige Projektbetreuung von der Planung über die Ausführung bis hin zur Abwicklung ermöglichen.

- Möglichkeiten zur Kooperation von freien Berufen (Beispiel: Architekten-GmbH) sollten verstärkt genutzt werden.

- Es gilt, Konzepte für ein Kompetenz- und Personalmanagement virtueller Unternehmensstrukturen zu entwickeln und umzusetzen.

Handlungsempfehlungen an die intermediären Instanzen:

- Allianzen und Kooperationen zur Erweiterung der Oberfläche gegenüber dem Markt sollten durch die verstärkte Einführung und Nutzung von „Kooperations-Brokern" erleichtert werden (Full-Service-Anbieter).

- Zu entwickeln sind branchenübergreifende Absatzkooperationsbörsen (zum Beispiel „Wer macht was im internationalen Medienmarkt?").

- Praxiserfahrungen mit der telekommunikationsgestützten Kooperation und der Führung virtueller Unternehmen sollten gesammelt, ausgewertet und verfügbar gemacht werden.

- Vorgeschlagen wird, die Kooperation zwischen kleinen Unternehmen durch einen die Verhandlungen führenden „Ombudsmann" zu unterstützen (am Beispiel Dänemark lernend). Dieses Konzept wird inzwischen bereits als Beratungsleistung verkauft.

## Aufgabenbereich 3: Strategien zur Markterschließung

Strategien zur Markterschließung können für Dienstleistungsunternehmen in zweifacher Hinsicht von Nutzen sein. Zum einen erleichtern geeignete Marktinstrumente und außenwirtschaftliche Förderinstrumentarien deutschen Dienstleistern den Sprung auf interessante internationale Dienstleistungsmärkte mit starken Wachstumspotentialen (a). Zum anderen gilt es aber auch, für einen Teil der zukunftsweisenden Dienstleistungen (zum Beispiel öko-effiziente Dienstleistungen) die Nachfrage durch flankierende Maßnahmen erst einmal zu stimulieren (b).

*a) Exportförderung im internationalen Dienstleistungshandel*

Die Märkte für Dienstleistungen werden sich in Zukunft noch stärker als bisher global entfalten. Um die gegenwärtig konstatierbare Exportlücke im internationalen Dienstleistungshandel zu schließen, müssen deutsche Anbieter insbesondere diejenigen Marktinstrumente ausbauen, mit deren Hilfe Märkte in anderen Kulturräumen erschlossen werden können. Hierzu müssen neue Organisationsmodelle und -formen entwickelt und umgesetzt werden, mit deren Hilfe die für die Produktgestaltung, Vermarktung und insbesondere für den Vertrieb notwendigen Kompetenzen gebündelt werden können (zum Beispiel durch Kooperationen zwischen Großunternehmen, KMU, Universitäten, Transferdiensten). Ziel muß es sein, nicht nur die Dienstleistungsbereiche zu unterstützen, die aufgrund ihrer Standortungebundenheit von Natur aus größere Chancen im globalen Wettbewerb haben. Auch die Exportfähigkeit von Bereichen, die – wie etwa das Handwerk – auf internationalen Märkten bislang kaum präsent sind, muß gefördert werden. Die gezielte Ausrichtung der schon vorhandenen außenwirtschaftlichen Förderungsinstrumente auf die speziellen Belange der Dienstleistungswirtschaft und eine verstärkte Information über diese Instrumente können hierzu einen wichtigen Beitrag leisten.

Handlungsempfehlungen an die Politik:

- Ungenutzte Exportchancen müssen evaluiert (zum Beispiel durch Expertenhearings) und erschlossen werden. Dies gilt insbesondere für Dienstleistungen mit keiner beziehungsweise einer geringen Exportquote (Beispiel: Unterstützung der Exportbemühungen ostdeutscher Unternehmen um ein Dienstleistungsfenster).

- Auslandsmessen sollten verstärkt gefördert werden (Recherche von Messeveranstaltungen, die besonders für Dienstleister geeignet sind, Organisation von speziellen Dienstleistermessen oder Kongressen und Tagungen im Rahmen traditioneller Messen).

- Urheberrecht, Datenschutz, Datensicherheit: in bezug auf eine internationale Verbreitung von Inhalten müssen die entsprechenden rechtlichen Bestimmungen geschaffen beziehungsweise überprüft werden.

- Das internationale Handelsrecht muß Rechtssicherheit für die Abwicklung von Transaktionen über Netze gewährleisten.

- Die Verbreitung deutscher Medienangebote in Osteuropa und der weitere Ausbau der „Initiative (Fach-) Bibliotheken Ost" sollte verstärkt unterstützt werden.

Handlungsempfehlungen an die Unternehmen:

- Deutschen technischen Dienstleistern bieten sich immense Beschäftigungsfelder auf den neuen Märkten in Osteuropa und den Nachfolgestaaten der Sowjetunion, beispielsweise im Bereich der Existenzgründungsberatung und -finanzierung, die in Anlehnung an deutsche Technologie- und Gründerzentren erfolgen könnte. So sollten unter anderem in den Bereichen der technischen Überwachung, Prüfung und Akkreditierung, der Normung und Zertifizierung sowie bei Planung, Consulting und Engineering die vorhandenen Chancen genutzt werden.

- Eine weitere wichtige Möglichkeit besteht im Export von Dienstleistungs-Know-how und von innovativen Lösungen (zum Beispiel Vermarktung von Arbeitssicherheits-Knowhow) auf dem Weltmarkt.

Handlungsempfehlungen an die intermediären Instanzen:

- Die Beratungskompetenz von Außenhandelskammern und Deutschen Industrie- und Handelszentren muß besser auf die Bedürfnisse von Dienstleistern, zum Beispiel für Engineering, Umwelttechnik, Planung, EDV (Software) ausgerichtet werden.

*b) Stimulierung der Nachfrage in Zukunftsmärkten*

Innovationen bedeuten auch im Dienstleistungsbereich Investitionen in eine ungewisse Zukunft. Für eine erfolgreiche Positionierung neuer Dienstleistungen auf nationalen wie internationalen Märkten sind eine Reihe von Rahmenparametern erforderlich, die je nach Dienstleistungsbereich unterschiedliches Gewicht haben. Meist ist es notwendig, die Nachfrage nach zukunftsweisenden Diensten durch „flankierende Maßnahmen" zu stimulieren. Der Umweltverbrauch kann beispielsweise bei gleichbleibendem Dienstleistungswert verringert werden, wenn Sachgüterkäufe durch öko-effiziente Dienstleistungen ersetzt werden.

Dies setzt jedoch voraus, daß die Verbraucher über die Möglichkeit einer solchen Ersetzung informiert sind und genügend öko-effiziente Dienstleistungen angeboten werden. Hier können verbesserte staatliche Rahmenbedingungen für proaktives Handeln dazu beitragen, den Markt für diese Dienste zu schaffen.

Im Bereich der Kommunikations- und Mediendienste, bei denen ebenfalls eine Nachfragelücke zu konstatieren ist, zielen die Handlungsempfehlungen darauf ab, sowohl den Zugang zu diesen Diensten zu gewährleisten, als auch die Nutzerakzeptanz und die Kompetenz zur innovativen Nutzung der Dienste auf- und auszubauen.

Handlungsempfehlungen an Bund, Länder und Gemeinden:

- Öko-effiziente Dienstleistungen sollten verstärkt nachgefragt werden, und zwar mit dem Ziel, die entstehenden Märkte von dieser Seite zu stimulieren und so einen wichtigen Beitrag zur Ressourceneffizienz zu leisten.

Handlungsempfehlungen an die Politik:

- Es sollen Nutzerakzeptanzuntersuchungen im Bereich der Kommunikations- und Mediendienste zur besseren Erschließung dieses Bereichs durchgeführt werden.
- Pilotinstallationen mit hohem Aufmerksamkeitswert sollten in verschiedenen Regionen verwirklicht werden, um ein Gespür für die Möglichkeiten und Grenzen innovativer Kommunikationslösungen zu vermitteln.

Handlungsempfehlungen an die Unternehmen:

- Vermarktungsstrategien für öko-effiziente Dienstleistungen sind zu entwickeln und einzuführen. Konsumgütertheken können als eine neue Aktionsform des Handels initiiert werden.

Handlungsempfehlungen an die intermediären Instanzen:

- Erforderlich ist die Entwicklung eines einheitlichen Kriterienkatalogs zur Kennzeichnung von öko-effizienten Produkten und Dienstleistungen als Orientierungshilfe für Nutzerentscheidungen.

Die Information der Mitgliedsunternehmen muß gewährleistet werden. Das Entstehen neuer Dienstleistungen und die Nutzung elektronischer Marktplätze (Dienstemärkte) sollten gefördert werden.

## Handlungsfeld IV: Political Leadership und Grundlagenentscheidungen

Handlungsempfehlungen im abschließenden Handlungsfeld IV betonen in drei Aufgabenbereichen, daß die Öffentlichkeit für die Belange und die Bedeutung der Dienstleistung stärker sensibilisiert werden muß, daß das vorrangige Ziel der Förderung des Dienstleistungsbereiches die Schaffung neuer und hochwertiger Arbeitsplätze sein muß und daß Politik und

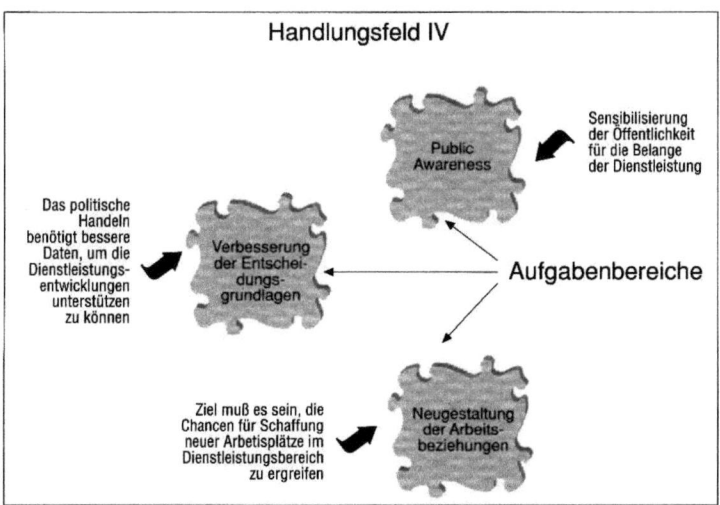

Abbildung 6: Handlungsempfehlung IV:
Political Leadership und Grundlagenentscheidung

Wirtschaft bessere Daten zur Unterstützung beziehungsweise Nutzung der Entwicklung hin zu einer Dienstleistungswirtschaft benötigen (Abbildung 6).

### Aufgabenbereich 1: Public Awareness

Deutschland steht vor der großen Herausforderung, den Wandel zu einer dienstleistungsorientierten Gesellschaft zu gestalten. Erfolgskritische Gestalter dieses Wandels sind hierbei vor allem auch die politischen Akteure. Sie sind die Initiatoren, Multiplikatoren und Moderatoren entscheidender Entwicklungen im Dienstleistungsbereich. Sie haben es in der Hand, im Sinne von Political Leadership durch gezielte Aktionen die Öffentlichkeit für Belange der Dienstleistung zu sensibilisieren, durch entsprechende ordnungspolitische Vorgaben die Weichen für eine zukunftsfähige Gestaltung des Lebens- und Wirtschaftsstandortes Deutschland zu stellen und den unterschiedlichen Akteuren Mut zu machen, die Chancen der Dienstleistung zu ergreifen.

Für die Mobilisierung der Wachstumspotentiale von Dienstleistungen nimmt die Gestaltung der Rahmenbedingungen eine bedeutende Rolle ein. Einerseits erfordert der hochdynamische Dienstleistungsbereich verbindliche „Spielregeln" für alle Akteure. Andererseits dürfen Kreativität und Unternehmergeist nicht durch eine Regelungsflut im Keim erstickt werden. Insbesondere im Interesse von KMU und Existenzgründern dürfen Regulierungsmaßnahmen nicht zu unüberwindbaren bürokratischen und finanziellen Hürden werden. Unter diesem Blickwinkel ist eine Vielzahl bestehender Regulierungen kritisch zu überprüfen und in Frage zu stellen. Neben den politischen Akteuren sollte aber auch der Dienstleistungssek-

*Handlungsfeld IV* 265

tor selbst stärker Öffentlichkeit für die Bedeutung seiner Rolle als Systemführer herstellen.

Handlungsempfehlungen an die Politik:

- Das Bündnisprogramm des BMBF („Public Awareness Program") sollte im Sinne eines koordinierten interministeriellen Aktionsprogramms zur Stärkung des Dienstleistungssektors vorangetrieben werden.

- Notwendig erscheint weiterhin die Durchführung eines ministerienübergreifenden koordinierten Aktionsplanes zwischen BMBF und anderen Ministerien wie BMWI, BMA, Finanzministerium (mit dem BMBF als Moderator).

- Es sollte eine Art „Godesberger Kreis" initiiert werden, der Gespräche und Diskussionen zum Dienstleistungsstandort Deutschland mit nationalen und internationalen Experten organisiert und durchführt.

- Schließlich empfiehlt sich die Einrichtung eines Beirats beim Kanzler.

## Aufgabenbereich 2: Neugestaltung der Arbeitsbeziehungen

Im Hinblick auf die Schaffung neuer Arbeitsplätze richtet sich die Hoffnung vieler Experten auf den Dienstleistungsbereich. Hier werden für die Zukunft die größten Beschäftigungspotentiale erwartet, und in der Tat konnte der Dienstleistungsbereich in den letzten Jahren mit einem deutlichen Zuwachs der Beschäftigtenzahlen aufwarten. Die Beschäftigungsentwicklung im Dienstleistungsbereich ist jedoch, nicht zuletzt aufgrund der mangelhaften statistischen Grundlagen, schwer abschätzbar. Während das Anwendungspotential neuer Techniken im Produktionsbereich über Mechanisierung und Automation zu enormen Produktivitätsschüben geführt hat, werden bei Dienstleistern im Bereich der Leistungsbereitschaft erhebliche Reserven vermutet. Es ist daher zu erwarten, daß aufgrund technologischer Umbrüche in manchen Dienstleistungsbereichen durch die Substitution menschlicher Arbeit Beschäftigung verringert wird. In anderen Bereichen hingegen werden sich durch neue Technologien Potentiale für innovative Dienstleistungen und damit für neue Arbeitsplätze eröffnen.

Vor dem Hintergrund eines per Saldo steigenden Arbeitskräftebedarfs im Dienstleistungssektor läßt sich jedoch schon heute absehen, daß sich neben den bislang in vielen Dienstleistungsbereichen überwiegenden Normalarbeitsverhältnissen in Zukunft neue Beschäftigungsformen durchsetzen werden.

Dienstleistungsbeschäftigung und Dienstleistungsarbeit werden sich durch hochgradig flexible, mobile und dezentrale Arbeitsformen stark verändern, die von Telearbeit, einer Arbeitserbringung beim Kunden bis hin zu unterschiedlichsten Formen der Selbständigkeit und des Untervertragswesens reichen werden. Im Interesse von Qualität, Kontinuität und Professionalität ist zu prüfen, wie diesen neuen Beschäftigungsformen Stabilität, soziale Absicherung und berufliche Perspektiven gegeben werden können. Auch über eine Neudefinition des Betriebsbegriffes und eine Anpassung des Betriebsverfassungsgesetzes muß angesichts dieser Entwicklungen nachgedacht werden.

Handlungsempfehlungen an die Politik:

- „Best practices" für die Schaffung neuer Arbeitsplätze sind in angemessener Weise darzustellen und publik zu machen. Denkbar ist beispielsweise die Veröffentlichung von Fallbeispielen von Dienstleistungsunternehmen mit wachsenden Mitarbeiterzahlen in den Medien.

- Über die Entwicklung und Verbreitung verschiedener, zum Teil neuartiger Formen von Arbeitsverhältnissen (normale, positiv flexibilisierte, kritische, Schattenarbeit) sollte regelmäßig Bericht erstattet werden (differenzierte Bilanz der Arbeitsverhältnisse in Deutschland).

Handlungsempfehlungen an die Politik und die Tarifvertragsparteien:

- Die tarifrechtliche Regulierung neuer Arbeitsbedingungen in virtualisierten Unternehmensstrukturen (zum Beispiel Teleheimarbeit) muß angegangen werden. Für innovative Formen von Arbeitsverhältnissen ist die Entwicklung neuer (tarifrechtlicher) Rahmenbedingungen unter Sicherstellung ihrer Innovationsfähigkeit und -offenheit erforderlich.

- Es müssen neue und ergänzende Systeme für die soziale Sicherung zur Unterstützung der Akzeptanz flexibler Arbeitszeitmodelle und zur Einbindung neuer Formen der Selbständigkeit und geringfügiger Beschäftigung in die sozialen Sicherungssysteme entwickelt werden.

- Unterbrochene Erwerbsverläufe und ihr Beitrag zu mehr Beschäftigung im Dienstleistungsbereich sollten sozial abgesichert werden.

- Personenbezogene Dienste müssen in neue Beschäftigungs- und Sozialversicherungsformen einbezogen werden.
- Vorgeschlagen werden schließlich Programme der individuellen Beratung und Unterstützung beim Wechsel von verschiedenen Arbeits- und Lebensphasen.

### Aufgabenbereich 3: Verbesserung der Entscheidungsgrundlagen

Obwohl der tertiäre Sektor in Deutschland, gemessen an nahezu allen volkswirtschaftlichen Kenngrößen, stetig an Bedeutung zunimmt, ist seine statistische Erfassung im Vergleich zur Industrieproduktion und selbst zum Landwirtschaftssektor nur wenig differenziert.

Ohne ein Dienstleistungsstatistikgesetz und seine Umsetzung sind verläßliche Analysen von Dienstleistungsentwicklungen, inklusive sinnvoller Interventionsansätze, nicht zu initiieren. Vorrangiges Ziel muß es daher sein, die Entscheidungsgrundlagen für Politik und Wirtschaft zu verbessern.

Das heißt auch zu prüfen, inwieweit neue Dienstleistungsangebote Beschäftigung sichern und Ressourcen sparen können. Darüber hinaus ist ein systematischer Vergleich mit internationalen Entwicklungen in den Dienstleistungsbereichen dringend erforderlich, um einerseits aus den „lessons learnt" und „best practices" anderer Länder zu lernen, andererseits aber Grundlagen für zukünftige politische und wirtschaftliche Entscheidungen zu schaffen, welche die internationale Wettbewerbsfähigkeit von Dienstleistungen betreffen.

Handlungsempfehlungen an die Politik:

- Zu verabschieden ist ein Dienstleistungsstatistikgesetz (zum Beispiel zur Sicherstellung einer differenzierteren Aufschlüsselung von Dienstleistungstätigkeiten und von internationaler Vergleichbarkeit).
- Ein „Dienstleistungsbarometer" (Wirtschaftsbarometer für Dienstleistungen) sollte erarbeitet werden.
- Initiiert werden muß auch ein internationales Benchmarking, um Standortnachteile zu überprüfen und -vorteile zu identifizieren. Als beispielhafte Felder können Auslandsdirektinvestitionen, die Kapitalintensität von Dienstleistungen, internationale Auswirkungen der Privatisierung, der Datenschutz, der Schutz geistigen Eigentums, das Patentwesen, die Arbeitsstättenverordnung, Arbeitszeiten, das Bildungs- und Weiterbildungssystem sowie die Telearbeit genannt werden.
- Die in anderen Ländern bereits „gelernten Lektionen" sollten aufgegriffen werden, insbesondere die Erfahrungen potentieller Wettbewerber und Exportmärkte wie USA, Großbritannien, Frankreich und Indien. Ansatzpunkte, die Interdependenzen zwischen Dienstleistungswachstum und Rahmenbedingungen erwarten lassen, sind die Flexibilität der Tarifstrukturen, die Bildungsbedingungen, die Steuer- und Wettbewerbsgesetzgebung sowie die Liberalisierung einzelner Märkte.
- Es sollten periodische Gutachten zur mikro- und makroökonomischen Entwicklung der Dienstleistungen in Deutschland sowie ihrer Interdependenzen, zum Beispiel zum Produktionsbereich, publiziert werden.

- Schließlich sollte ein internationaler Expertenkreis eingerichtet werden, der die Aufgabe hat, Dienstleistungsentwicklungen und den Fortschritt in den Dienstleistungen im globalen Maßstab kontinuierlich zu messen und zu bewerten. Von diesem Gremium werden die Entwicklung von Handlungsempfehlungen sowie die Verbesserung der internationalen politischen und wirtschaftlichen Zusammenarbeit erwartet, zum Beispiel im Bereich des internationalen Dienstleistungshandels, der Abstimmung internationaler Forschungsprogramme sowie der Harmonisierung der rechtlichen Rahmenbedingungen.

Handlungsempfehlungen an die Forschung:

- Die derzeitigen Begriffsdefinitionen im Dienstleistungsbereich müssen überprüft werden. Dabei sollte insbesondere die Anwendbarkeit für Dienstleister und gegebenenfalls die Erarbeitung neuer Vorschläge und Vorlagen im Vordergrund stehen.

- Auch eigenständige Dienstleistungsforschungseinrichtungen/-bereiche sollten eingerichtet werden. (Zum Beispiel gibt es dafür in Schweden das Institut CTF.)

## Die Mitglieder des Beirats

Dem Beirat des Forschungsprojekts „Dienstleistung 2000plus" gehörten die folgenden Mitglieder an:

Dr. Klaus Mangold (Vorsitz), Mitglied des Vorstandes der Daimler-Benz AG, Stuttgart und Vorsitzender des Vorstandes der Daimler-Benz InterServices (debis) AG, Berlin.

Prof. Wolfgang Fürniß, Generalbevollmächtigter für Wirtschaftsbeziehungen, SAP AG, Walldorf.

Reinhold Hendricks, Vorstandsmitglied Allianz Lebensversicherungs AG, Stuttgart.

Dr. rer. nat. Hagen Hultzsch, Vorstandsmitglied TD Technik/Dienste, Deutsche Telekom AG, Bonn.

Dipl.-Volkswirt Jürgen Husmann, Mitglied der Hauptgeschäftsführung, Bundesvereinigung der Deutschen Arbeitgeberverbände, Köln.

Prof. Dr.-Ing. Dr. h. c. E. h. Reinhardt Jünemann, Geschäftsführender Leiter Fraunhofer-Institut für Materialfluß und Logistik, Dortmund.

Dr. rer. nat. Hermann Krämer, Vorstandsmitglied VEBA AG, Düsseldorf.

Dipl.-Betriebswirt (FH) Klaus-Dieter Laidig, Geschäftsführer Hewlett-Packard GmbH, Böblingen.

Dr. rer. oec. Thomas Middelhoff, Vorstandsmitglied Bertelsmann AG, Gütersloh.

Prof. Dr. Frieder Naschold, Wissenschaftszentrum Berlin für Sozialforschung gGmbH, Berlin.

Maud Pagel, Mitglied des Gesamtbetriebsrates Deutsche Telekom AG, Bonn.

Prof. Dr. habil. Sibylle Peters, Institut für Berufs- und Betriebspädagogik, Otto-von-Guericke-Universität Magdeburg.

Dieter Philipp, Emil Philipp GmbH, Präsident der Handwerkskammer Aachen und Mitglied des Präsidiums des Zentralverbandes des Deutschen Handwerks, Aachen.

Prof. Dr. rer. pol. Arnold Picot, Institut für Organisation, Ludwig-Maximilians-Universität, München.

Prälat Hellmut Puschmann, Präsident des Deutschen Caritasverbandes e.V., Freiburg.

Horst Rompcik, Mitglied der Unternehmensleitung REWE-Zentral AG, Köln.

Dipl.-Volkswirt Klaus Schmitz, Leiter Abteilung Struktur- und Umweltpolitik DGB Bundesvorstand, Düsseldorf.

Prof. Dr. rer. pol. Norbert Walter, Geschäftsführer Deutsche Bank Research, Frankfurt.

# Aktuelle Literaturempfehlungen zu den Themen dieses Buches

*1. Strukturwandel, Beschäftigung und Dienstleistungsgesellschaft*

Bogai, D., Wachstum, Beschäftigung und haushaltsbezogene Dienstleistungen, in: *Mitteilungen aus der Arbeitsmarkt- und Berufsforschung*, 29. Jg., S. 237–246, 1996

Bullinger, H.-J. (Hrsg.), *Dienstleistung der Zukunft: Märkte, Unternehmen und Infrastrukturen im Wandel*, Wiesbaden 1995

Bullinger, H.-J. (Hrsg.), *Dienstleistungen für das 21. Jahrhundert, Gestaltung des Wandels und Aufbruch in die Zukunft*, Stuttgart 1997

Bundesministerium für Wirtschaft, *Die Informationsgesellschaft, Fakten, Analysen, Trends*, BMWi Report, Bonn 1995

Bundesministerium für Wirtschaft, *Info 2000. Deutschlands Weg in die Informationsgesellschaft. Bericht der Bundesregierung*, Bonn 1996

Bundesministerium für Wirtschaft, *Dienstleistungswirtschaft 2000: Aktionsprogramm*, BMWi Dokumentation Nr. 423, Bonn 1997

Döpke, J., Konjunkturzyklen im Dienstleistungssektor, in: *Die Weltwirtschaft*, Nr. 3, S. 311–324, 1995

Elfring, T, *Service Sector Employment in Advanced Economies, A Comparative Analysis of its Implications for Economic Growth*, Aldershot u. a. 1988

Europäische Kommission, *Eine Europäische Informationsgesellschaft für alle*, Abschlußbericht der Gruppe hochrangiger Experten, Beschäftigung & Soziale Angelegenheiten, Brüssel 1997

Felli, E., Rosati, F. C., Tria, G. (Hrsg.), *The Service Sector: Productivity and Growth*, Heidelberg 1995

Ferleger, L. A., Mandle, J. R., The Nontangible Economy, in: *Challenge – The Magazine of Economic Affairs*, 37. Jg., S. 59–62, 1994

Freeman, C., Soete, L., *Work For All or Mass Unemployment? Computerised Technical Change Into The 21st Century*, London u. a. 1994

Gates, B., *Der Weg nach vorn. Die Zukunft der Informationsgesellschaft*, Hamburg 1995

Giarini, O., Stahel, W. R., *The Limits to Certainty – Facing Risks in The New Services Economy*, Dordrecht 1993

Grieß, W., *Dienstleistungen: Chancen nutzen – Risiken bewältigen*, Bonn 1995

Gundlach, E., *Die Dienstleistungsnachfrage als Determinante des wirtschaftlichen Strukturwandels*. Kieler Studien 252, Institut für Weltwirtschaft an der Universität Kiel, Tübingen 1993

Häußermann, H., Seibel, W., *Dienstleistungsgesellschaften*, Frankfurt/ Main 1995

Hofmann, H., Saul, C., *Qualitative und quantitative Auswirkungen der Informationsgesellschaft auf die Beschäftigung*, Gutachten im Auftrag des Bundesministeriums für Wirtschaft, Hrsg. ifo-Institut für Wirtschaftsforschung, München 1996

Holzamer, H.-H. (Hrsg.), *Dienstleistung: Popanz oder Chance für die Gesellschaft?* Landsberg am Lech 1997

Kalmbach, P., Der Dienstleistungssektor: Noch immer die große Hoffnung des 20. Jahrhunderts?, in: *Technik und Zukunft. Neue Technologien und ihre Bedeutung für die Gesellschaft*. Hrsg. Werner Süß, Klaus Schröder u. a., S. 166–181, Opladen 1988

Klodt, H., Maurer, R., Schimmelpfennig, A., *Tertiarisierung in der deutschen Wirtschaft*, Kieler Studien 283, Tübingen 1997

Klodt, H., Wieviel Industrie braucht Ostdeutschland, in: *Die Weltwirtschaft*, Nr. 3, S. 320–333, 1994

Klös, H.-P., Sektorale Beschäftigungsentwicklung in der westdeutschen Wirtschaft, 1976/94, in: *iw-trends*, Nr. 3, S. 53–67, 1995

Klös, H.-P., Dienstleistungslücke und Niedriglohnsektor in Deutschland, in: *iw-trends*, Nr. 3, 24. Jg., S. 33–59, 1997

Little, Arthur D., *Innovation und Arbeit für das Informationszeitalter*, Ergebnisdokumentation BMBF, Bonn 1996

Mangold, K. (Hrsg.), *Die Zukunft der Dienstleistung: Fakten, Erfahrungen, Visionen*, Wiesbaden 1997

Mayer, O. G., Krakowski, M., The Services Sector in Eastern Germany: An Engine for Growth and Employment?, in: *The Economics of German Unification*, Hrsg. A. Ghanie Ghaussy, W. Schäfer. London u. a. 1993

Müller-Michaelis, W., *Die Informationsgesellschaft im Aufbruch. Perspektiven für Wachstum, Beschäftigung und Kommunikation*, Frankfurt 1996

Nefiodow, L. A., Informationsgesellschaft – Arbeitsplatzvernichtung oder Arbeitsplatzgewinne?, in: *ifo-Schnelldienst*, Nr. 12, 47. Jg., S. 11–19, 1994

Ogiermann, U., *Zum Entwicklungs- und Beschäftigungspotential des tertiären Sektors – eine differenzierende Analyse unter besonderer Berücksichtigung des Dienstleistungsbegriffs und der Drei-Sektoren-Hypothese*, Frankfurt/Main 1992

Paqué, K.-H., Arbeitslosigkeit und sektoraler Strukturwandel – Eine Interpretation von vier Dekaden westdeutscher Arbeitsmarktgeschichte, in: *List-Forum*, Nr. 2, 21. Jg., S. 167–194, 1995

Reissert, B., Schmid, G., Mehr Arbeitsplätze durch Dienstleistungen, in: *Wirtschaftsdienst*, Nr. 3, 70. Jg., S. 159–164, 1990

Siebert, H., *Sectoral Structural Change and Labour Market Flexibility, Experience in Selected OECD Economies*, Tübingen 1997

Staroske, U., *Die Drei-Sektoren-Hypothese: Darstellung und kritische Würdigung aus heutiger Sicht*, Regensburg 1995

Zinn, K. G., Dienstleistungsgesellschaft oder Krise des tertiären Sektors? Zur qualitativen Analyse der Entwicklung reifer Volkswirtschaften, in: *WSI Mitteilungen*, Nr. 1, 46. Jg., S. 1–10, 1993

## 2. Dienstleistungen und Arbeitswelt

Beckenbach, N., Treeck, W. v. (Hrsg.), *Umbrüche gesellschaftlicher Arbeit*. Soziale Welt – Sonderband 9, Göttingen 1994

Bosch, G., Die Auswirkungen der neuen Informationstechnologien auf die Beschäftigung, in: *WSI Mitteilungen*, Nr. 3, 50. Jg., S. 150–159, 1997

Bronner, R., Appel, W. P., So nah und doch so fern, in: *Personalwirtschaft*, Nr. 9, S. 20–24, 1996

Brucks, U., *Arbeitspsychologie personenbezogener Dienstleistungen*, Bern 1998

Büssing, A. & Aumann, S., Die Organisation von Telearbeit. Formen, Erfolgsbedingungen und Konsequenzen, in: *Zeitschrift für betriebswirtschaftliche Forschung*, Nr. 49, S. 6–82, 1997

Buttler, F., Franke H., *Arbeitswelt 2000*, Frankfurt 1991

Dostal, W., Öffnung der Erwerbsarbeit in der Informationsgesellschaft: Telearbeit als ein Übergangsphänomen, in: *Technik und Arbeitszeit*. Hrsg. A. Büssing & H. Seifert, Berlin 1998

Eli, M., Vögtle, C., Dienstleistungen: Freie Berufe auf dem Vormarsch, in: *ifo-Schnelldienst*, 48. Jg., S. 78–82, 1995

Fricke, W., Virtuelle Betriebe – Auswirkungen auf die Betriebsratsarbeit?, in: *Arbeitsrecht im Betrieb*, Nr. 1, 18. Jg., S. 31–35, 1997

Fuchs, M., Niedenhoff, H.-U., Schelsky, W. (Hrsg.), *Informationsgesellschaft und Arbeitswelt*, Köln 1996

Godehardt, B. (Hrsg.), *Management-Handbuch Telearbeit*, Heidelberg 1997

Hartmann, M., Informatiker zwischen Professionalisierung und Proletarisierung, in: *Soziale Welt, Zeitschrift für sozialwissenschaftliche Forschung und Praxis*, Nr. 3, 44. Jg., S. 392–419, 1993

Institut für Demoskopie Allensbach (Hrsg.), *Servicewüste Deutschland? Die Bevölkerung beurteilt Dienstleister*, Allensbacher Berichte Nr. 16, 1997

Kadritzke, U., Ein neuer Expertentyp? Technische Dienstleistungsarbeit zwischen Marktorientierung und Professionsbezug, in: *Prokla. Zeitschrift für kritische Sozialwissenschaft*, Nr. 91, 23. Jg., S. 297–326, 1993

Klein, M. (Hrsg.), *Nicht immer, aber immer öfter. Flexible Beschäftigung und ungeschützte Arbeitsverhältnisse*, Marburg 1993

Keller, B., Seifert H. (Hrsg.), *Atypische Beschäftigung. Verbieten oder gestalten?*, Köln 1995

Littek, W. u. a., *Dienstleistungsarbeit. Strukturveränderungen, Beschäftigungsbedingungen und Interessenlagen*, Berlin 1991

Malsch, T., Mill, U. (Hrsg.), *ArBYTE. Modernisierung der Industriesoziologie?*, Berlin 1992

Matheus, S., *Dienstleistungsarbeit als Auffangnetz? Eine Analyse der Eintritte und Wechsel in Dienstleistungsarbeit mit Daten des Sozioökonomischen Panels*, WZB Discussion Paper, FS I 95–202, Berlin 1995

Matthies, H., Mückenberger, U., Offe, C., Peter, E., Raasch, S., *Arbeit 2000. Anforderungen an eine Neugestaltung der Arbeitswelt*, Reinbek 1994

Nerdinger, F.W., *Zur Psychologie der Dienstleistung*, Stuttgart 1994

Nickel, H. M., Kühl, J., Schenk, S. (Hrsg.), *Erwerbsarbeit und Beschäftigung im Umbruch*, Berlin 1994

Reichwald, R., Möslein, K., Oldenburg, S. H., *Telearbeit, Telekooperation und virtuelle Unternehmung*, Berlin 1997

Rifkin, J., *Das Ende der Arbeit und ihre Zukunft*, Frankfurt/Main 1997

Schmiede, R. (Hrsg.), *Virtuelle Arbeitswelten. Arbeit, Produktion und Subjekt in der „Informationsgesellschaft"*, Berlin 1996

Stegbauer, C., Die virtuelle Organisation und die Realität elektronischer Kommunikation, in: *Kölner Zeitschrift für Soziologie und Sozialpsychologie*, Nr. 3, 47. Jg., S. 535–549, 1995

Tessaring, M., Langfristige Tendenzen des Arbeitskräftebedarfs nach Tätigkeiten und Qualifikationen in den alten Bundesländern bis zum Jahre 2010. Eine erste Aktualisierung der IAB/Prognos-Projektionen 1988/91, in: *Mitteilungen aus der Arbeitsmarkt- und Berufsforschung*, Nr. 1, 27. Jg., 5–19, 1994

Trautwein-Kalms, G., Informationsgesellschaft und Arbeitswelt: Nur Technik, Markt, Deregulierung? Zur Vision von virtuellen Unternehmen und neuer Selbständigkeit, in: *WSI Mitteilungen*, Nr. 3, 50. Jg., S. 169–176, 1997

Weidig, I., Hofer, P., Wolff, H., *Wirkungen technologischer und sozio-ökonomischer Einflüsse auf die Tätigkeitsanforderungen bis zum Jahr 2010*, Beiträge zur Arbeitsmarkt- und Berufsforschung 199, Nürnberg 1996

Welsch, J., *Arbeiten in der Informationsgesellschaft*, Studie für den Arbeitskreis „Arbeit – Betrieb – Politik" der Friedrich-Ebert-Stiftung, Bonn 1997

Welsch, J., Telearbeit: Führen auf Distanz, in: *Personalwirtschaft*, Nr. 9, S. 14–18, 1996

## 3. Informations-, Kommunikationstechnologien und Multimedia

Bailey, J., McKnight, J., *Internet Economics*, Cambridge Mass 1997

Bickerton, P., Bickerton, M., Pardesi, U., *Cybermarketing, How to Use the Superhighway to Market your Products and Services*, Oxford 1996

Booz, Allen, Hamilton Inc (Hrsg.), *Zukunft Multimedia – Grundlagen, Märkte und Perspektiven in Deutschland*, 4., erw. u. aktual. Aufl., Frankfurt/Main 1997

Cairncross, F., *The Death of Distance. How the Communications Revolution Will Change Our Lives*, London 1997

Cronin, M. J., *Doing Business on the Internet, How the Electronic Highway is Transforming American Computers*, New York 1994

Davies, P., *Payment for Goods and Services on the Information Superhighway, Reproduction Rights and Remuneration in the Electronic Marketplace*, OECD Working Papers, Paris 1996

Deutsches Institut für Wirtschaftsforschung, Multimedia: Beschäftigungszunahme im Medien- und Kommunikationsbereich vielfach überschätzt, in: *DIW-Wochenbericht*, Nr. 10, 63. Jg., S. 165–172, 1996

Dostal, W., Die Informatisierung der Arbeitswelt – Multimedia, offene Arbeitsformen und Telearbeit, in: *Mitteilungen aus der Arbeitsmarkt- und Berufsforschung*, Nr. 4, 28. Jg., S. 527–543, 1995

Haaren, K. von, Hensche, D. (Hrsg.), *Multimedia. Die schöne neue Welt auf dem Prüfstand*, Hamburg 1995

Hummel, M., Saul, C., Beschäftigungspotentiale neuer elektronischer Medien, in: *ifo-Schnelldienst* Nr. 3, 50 Jg., S. 3–18, 1997

Jones, S. G. (Hrsg.), *Cybersociety, Computer-mediated Communication and Community*, London 1995

Kubicek, H., *Alltagsorientierte Informationssysteme als Medieninnovation. Konzeptionelle Überlegungen zur Erklärung der Schwierigkeiten, „Neue Medien" und „Multimedia" zu etablieren*, Forschungsgruppe Telekommunikation, Universität Bremen, Bremen 1996

Kubicek, H., Müller, G., Neumann, K.-H., Raubold, E., Roßnagel, A. (Hrsg.), *Multimedia – Technik sucht Anwendung*, Jahrbuch Telekommunikation und Gesellschaft, 3. Jg., 1995

Lux, H., *Der Internet-Markt in Deutschland: Provider & Dienstleister*, Heidelberg 1995

ohne Verfasser, Herausforderung Informationsgesellschaft, in: *Spektrum der Wissenschaft*, Nr. 1, S. 32–43, 1998

Schedl, H., unter Mitarbeit von Blau, H., Pilgrim. E. v., Ruppert, W., Neue Telekommunikationsdienste: Auch in Großunternehmen häufig noch im Frühstadium der Nutzung, in: *ifo-Schnelldienst*, Nr. 7, 47. Jg., S. 20–27, 1994

Schrape, K., Seufert W., Haas, H., Hürst, D. Gafke, S., *Künftige Entwicklung des Medien- und Kommunikationssektors*, DIW Beiträge zur Strukturforschung, Heft 162, Berlin 1996

Steinfield, C. (Hrsg.), *Telecommunications in Transition: Policies, Services and Technologies in the European Community*, Thousand Oaks 1994

Stoetzer, M. W., Neue Telekommunikationsdienste: Stand und Perspektiven ihres Einsatzes in der deutschen Wirtschaft, in: *ifo-Schnelldienst*, Nr. 7, 47. Jg., S. 8–19, 1994

Tapscott, D., *Die digitale Revolution*, Wiesbaden 1996

Welsch, J., Multimedia und die Angst vor dem Ende der Arbeit, in: *Blätter für deutsche und internationale Politik*, Nr. 7, 40. Jg., S. 871–882, 1995

*4. Industrie und Dienstleistungen*

Audretsch, D.B., Yamawaki, H., *Verdrängen Dienstleistungen die Industrie? Das Beispiel der Bundesrepublik Deutschland*, WZB Discussion Paper FS IV 91–11, Berlin 1991

Buttler, G., Stegner, E., Industrielle Dienstleistungen, in: *Zeitschrift für betriebswirtschaftliche Forschung*, Nr. 11, 42. Jg., S. 931–946, 1990

Chase, R. B., Garvin, D. A., Die Fabrik der Zukunft – ein Dienstleister, in: *Harvard manager*, Nr. 1, S. 122–132, 1990

Döhrn, R. et al., *Industrienahe Dienstleistungen am Standort Deutschland*, Essen 1995

O'Farrel, P. N., Manufacturing Demand for Business Services, in: *Cambridge Journal of Economics*, Vol. 19, S. 523–543, 1995

Gassert, H., Precht, M., Zahn, E. (Hrsg.), *Innovative Dienstleistungspartnerschaften. Neue Formen der Zusammenarbeit zwischen Industrie und Dienstleistern*, Stuttgart 1998

Gnoss, R., Dienstleistungsteststichprobe, Eine Erhebung über moderne unternehmensorientierte Dienstleistungen, in: *Wirtschaft und Statistik*, Nr. 11, S. 691–701, 1989

Gruhler, W., *Dienstleistungsbestimmter Strukturwandel in deutschen Industrieunternehmen: einzel- und gesamtwirtschaftlicher Kontext, Determinanten, Interaktionen, empirischer Befund*, Materialien des Instituts der deutschen Wirtschaft, Bd. 6, Köln 1990

Haß, H.-J., *Industrienahe Dienstleistungen, Ökonomische Bedingungen und politische Herausforderungen*, Institut der deutschen Wirtschaft, Beiträge zur Wirtschafts- und Sozialpolitik, Nr. 223, Köln 1995

Heidenreich, M., *Informatisierung und Kultur, Die Einführung und Nutzung von Informationssystemen in Unternehmen*, Opladen 1995

Klodt, H., Auf dem Weg in die Dienstleistungsgesellschaft: Geht die industrielle Basis verloren, in: *Wirtschaftswissenschaftliches Studium*, Nr. 6, S. 297–301, 1995

Lichtblau, K., Meyer, B., Ewerhart, G., Komplementäres Beziehungsgeflecht zwischen Industrie und Dienstleistungen, in: *iw-trends*, Nr. 4, S. 1–24, 1996

Matheus, S., Wechselmöglichkeiten aus industriellen Berufen in Dienstleistungsberufe. Eine Analyse mit Daten des Sozioökonomischen Panels, in: *Mitteilungen aus der Arbeitsmarkt- und Berufsforschung*, Nr. 2, 28. Jg., S. 224–238, 1995

Riede, T., Dienstleistungsberufe im produzierenden Sektor, in: *Wirtschaft und Statistik*, Nr. 9, 1990

Simon, H., (Hrsg.), *Industrielle Dienstleistungen*, Stuttgart 1993

*5. Outsourcing*

Cunningham, P. A., Fröschl, F., *Outsourcing, Strategische Bewertung einer Informationsdienstleistung*, Frankfurt/Main 1995

Finken, T., *Entscheidungskriterien für das Outsourcing der betrieblichen Datenverarbeitung*, Düsseldorfer Schriften zum Controlling 1, Aachen 1997

Goe, R. W., The Growth of Producer Services Industries: Sorting through the Externalization Debate, in: *Growth and Change*, 22. Jg., S. 118–141, 1991

Hauschild, R. J., Mansch, A., *Erfahrungen aus der Bestandsaufnahme einer Auswahl von Outsourcingfällen für Logistik-Leistungen*, Berichte aus dem Weltwirtschaftlichen Colloquium der Universität Bremen Nr. 53, Bremen 1997

Heinrich, W. (Hrsg.), *Outsourcing: Modelle – Strategien – Praxis*, Bergheim 1992

Johnson, M., *Outsourcing ... in brief*, Boston 1997

Köhler-Frost, W. (Hrsg.), *Outsourcing, Eine strategische Allianz besonderen Typs*, 2. Aufl., Berlin 1995

Nagengast, J., *Outsourcing von Dienstleistungen industrieller Unternehmen: eine theoretische und empirische Analyse*, Schriftenreihe betriebswirtschaftliche Forschungsergebnisse 67, Hamburg 1997

Reinecke, S., *Marketing für komplexe Informationstechnologie-Dienstleistungen: Management von IT-Outsourcing-Kooperationen aus Anbietersicht*, St. Gallen 1996

Schott, E., *Markt und Geschäftsbeziehung beim Outsourcing: eine marketingorientierte Analyse für die Informationsverarbeitung*, Wiesbaden 1997

Steinmüller, T., *Beitrag zur strategiedeterminierten „Outsourcing"-Entscheidung fokussiert auf logistische Leistungen*, Berlin 1996

Szyperski, N., Schmitz, P., Kronen, J., Outsourcing: Profil und Markt einer Dienstleistung für Unternehmen auf dem Wege zur strategischen Zentrierung, in: *Wirtschaftsinformatik*, Nr. 3, 35. Jg., S. 228–240, 1993

Töpfer, A., Graßy, O. (Hrsg.), *Industrielle Dienstleistungen: Servicestrategie oder Outsourcing?*, Neuwied 1996

## 6. Dienstleistungsmärkte und Dienstleistungsunternehmen

Adamson, M., Males, E., *Information Technology in the Financial Services Industry: the Trend towards Customer Orientation*, London 1994

Benölking, H., Greipel, P., *Dienstleistungsmanagement, Service als strategische Erfolgsposition*, Wiesbaden 1990

Berry, L. L., Parasuraman, S., *Service-Marketing*, Frankfurt/Main u. a. 1992

Biema, M. van, Greenwald, B., Managing Our Way to Higher Service Sector Productivity, in: *Harvard business review*, Nr. 4, S. 87–95, 75. Jg., 1997

Bopp, C., Zukunftsmärkte für Dienstleistungen – das Feld Handel, Distribution, Konsum und Freizeit, in: *ifo-Schnelldienst*, Nr. 25–26, 49. Jg., S. 30–31, 1996

Castells, M., Aoyama, Y., Paths towards the Informational Society: Employment Structure in G-7 countries, 1920–90, in: *International Labour Review*, Nr. 1, 133. Jg., S. 5–33, 1994

Corsten, H., Hilke, W. (Hrsg.), *Dienstleistungsproduktion*, Wiesbaden 1994

Corsten, H., *Betriebswirtschaftslehre der Dienstleistungsunternehmen*, 2. Aufl., München u. a. 1990

Corsten, H., *Dienstleistungsproduktion: Absatzmarketing – Produktivität – Haftungsrisiken – Serviceintensität – Outsourcing*, Wiesbaden 1994

Corsten, H., *Integratives Dienstleistungsmanagement, Grundlagen – Beschaffung – Produktion – Marketing – Qualität*, Wiesbaden 1994

Deutsches Institut für Wirtschaftsforschung, Auf dem Weg in die Dienstleistungsgesellschaft? Zum wirtschaftlichen Strukturwandel in sechs Industrieländern, in: *DIW-Wochenbericht*, Nr. 13, 61. Jg., S. 184–191, 1994

Deutsches Institut für Wirtschaftsforschung, Dienstleistungsdynamik in der Europäischen Union uneinheitlich, in: *DIW Wochenbericht*, Nr. 16, 64. Jg., S. 273–280, 1997

Falvey, R. E., Gemmel, N., Explaining International Differences in The Share of Services in Real Expenditure, in: *Economics Letters*, 47. Jg., S. 53–58, 1995

Huber, R., *Die Nachfrage nach Dienstleistungen, Eine Analyse der Bestimmungsfaktoren der Nachfrage nach Leistungen der Dienstleistungswirtschaft am Markt*, Hamburg 1992

Kordey, N., Korte, W., *Telearbeit erfolgreich realisieren*, Wiesbaden 1996

Lehmann, A., *Dienstleistungsmanagement: Strategien und Ansatzpunkte zur Schaffung von Servicequalität*, 2. Aufl., Stuttgart u. a. 1995

Maleri, R., *Grundlagen der Dienstleistungsproduktion*, 3. Aufl., Berlin u. a. 1994

Meffert, H., Bruhn, M., *Dienstleistungsmarketing: Grundlagen, Konzepte, Methoden*, Wiesbaden 1995

Meffert, H., Marktorientierte Führung von Dienstleistungsunternehmen – neuere Entwicklungen in Theorie und Praxis, in: *Die Betriebswirtschaftslehre*, Nr. 4, S. 519–541, 1994

Michie, R. C. (Hrsg.), *Commercial and Financial Services*, Oxford 1994

Meyer, A. (Hrsg.), *Handbuch Dienstleistungs-Marketing*, 2 Bände, Stuttgart 1998

Ministerium für Wirtschaft und Mittelstand, Technologie und Verkehr des Landes Nordrhein-Westfalen (Hrsg.), *Dienstleistungen für private Haushalte in Nordrhein-Westfalen. Ergebnisse einer Bürgerbefragung*, Düsseldorf 1997

Ochel, W., Wegner, M., *Service Economies in Europe, Opportunities for Growth*, London u. a. 1987

Palmer, A., *Principles of Services Marketing*, London 1994

*7. Private und öffentliche Dienstleistungen*

Andree, U., Public Private Partnership – Ergänzung oder Alternative zur Privatisierung kommunaler Dienstleistungen?, in: *Office-Management*, Nr. 12, S. 18–22, 1996

Bolsenkötter, H., Voraussetzungen für die Privatisierung kommunaler Dienstleistungen, in: *Der Betrieb*, Nr. 9, 46. Jg., S. 445–450, 1993

Foldary, F., *Public Goods and Private Communities: the Market Provision of Social Services*, Aldershot 1994

Fuest, W., Kroker, R., *Einkommensvergleich zwischen privater Wirtschaft und öffentlichem Dienst*, Hrsg. Institut der deutschen Wirtschaft, Köln 1992

Massey, A. (Hrsg.), *Globalization and Marketization of Government Services: Comparing Contemporary Public Sector Developments*, New York 1997

Metzger, M. M., *Realisierungschancen einer Privatisierung öffentlicher Dienstleistungen*, München 1990

Mitschke, J., Privatisierung und Effizienzsteigerung im öffentlichen Dienst, in: *Wirtschaftsdienst*, Nr. 4, 75. Jg., S. 184–187, 1995

Naschold, F., Pröhl, M., Produktivität öffentlicher Dienstleistungen, in: *Neue politische Literatur*, Nr. 3, 41. Jg., S. 449, 1996

Pellanda, A., The Italian Public and Private Tertiary Sector: Well-Known Problems and Tentative Solutions, in: *Rivista Internazionale di Scienze Economiche e Commerciali*, Nr. 8, 40. Jg., S. 657–670, 1993

Schwemmle, M., Deutsche Telekom AG – Experiment mit guten Chancen, in: *Office Mangement*, Nr. 6, S. 26–27, 1996

Walwei, U., Arbeitsvermittlung als öffentliche Aufgabe und privatwirtschaftliche Dienstleistung. Reorganisation der Arbeitsvermittlung aus einer international vergleichenden Perspektive, in: *Mitteilungen aus der Arbeitsmarkt- und Berufsforschung*, Nr. 1, 29. Jg., S. 54–72, 1996

*8. Bildung und Qualifikation*

Becker, W., Meifort, B. (Hrsg.), *Professionalisierung gesundheits- und sozialpflegerischer Berufe – Europa als Impuls? Zur Qualifikationsentwicklung in der Human-Dienstleistung*, Berlin 1993

Boes, A., Baukrowitz, A., Eckhard, B., Herausforderung „Informationsgesellschaft". Die Aus- und Weiterbildung von IT-Fachkräften vor einer konzeptionellen Neuorientierung, in: *Mitteilungen aus der Arbeitsmarkt- und Berufsforschung*, 28. Jg., S. 239–251, 1995

Borch, H., Schwarz, H., Weissmann, H., Neue Ausbildungsberufe in der Informations- und Kommunikationstechnik, in: *Berufsbildung in Wissenschaft und Praxis*, Nr. 4, 25. Jg., S. 46, 1996

Büssing, A., Wissensmanagement in Arbeit und Wirtschaft, in: *Lernen für die Zukunft – Lernen in der Zukunft*, Hrsg. S. Höfling und H. Mandl, S. 27–45, München 1998

Bundesinstitut für Berufsbildung (Hrsg.), *Qualifikation und Erwerbssituation im geeinten Deutschland: Ein Überblick über die Ergebnisse der BIBB/IAB-Erhebung 1991/92*, 2. Aufl., Berlin 1993

Frankenstein, G., *Bildungsarbeit für ältere Menschen in der Industrie- und Dienstleistungsgesellschaft: Aufgaben und Probleme*, Aktuelle Beiträge zur sozialwissenschaftlichen Forschung 2, Pfaffenweiler 1990

Huisinga, R., Wirtz, H., unter Mitarbeit von Osthoff, D., *Strukturwandel der Ausbildung im Dienstleistungsbereich – Wandel des dualen Systems?*, Gutachten für die Enquete-Kommission „Zukünftige Bildungspolitik – Bildung 2000" des 11. Deutschen Bundestages, Frankfurt/Main 1990

Müller, K., Neue Ausbildungsberufe in der Informations- und Kommunikationstechnik, in: *Berufsbildung in Wissenschaft und Praxis*, Nr. 1, 26. Jg., S. 8–11, 1997

Reinberg, A., Fischer G., Schweitzer, C., Tessaring, M., Demographische Grenzen der Bildungsexpansion. Eine Modellrechnung zur künftigen quantitativen Entwicklung des Berufsbildungs- und Hochschulsystems, in: *Mitteilungen aus der Arbeitsmarkt- und Berufsforschung*, Nr. 1, 28. Jg., S. 5–31, 1995

Schmidt, H., Neue Ausbildungsberufe in der Informations- und Kommunikationstechnik – duales System beweist Innovationsfähigkeit und Flexibilität, in: *Berufsbildung in Wissenschaft und Praxis*, Nr. 1, 26. Jg., S. 1–2, 1997

Weidig, I., Hofer, P., Wolff, H., *Wirkungen technologischer und sozio-ökonomischer Einflüsse auf die Tätigkeitsanforderungen bis zum Jahr 2010*, Beiträge zur Arbeitsmarkt- und Berufsforschung 199, Hrsg. Institut für Arbeitsmarkt- und Berufsforschung der Bundesanstalt für Arbeit, Nürnberg 1996

Weisshuhn, G., König, A., *Wachstum, Qualifikation und Berufstätigkeit in der Bundesrepublik Deutschland: Erwerbstätige nach Ausbildungsqualifikationen und beruflichen Tätigkeiten 1978–1985 und Szenarien bis zum Jahre 2000 unter besonderer Berücksichtigung privater und staatlicher Dienstleistungen*, Berlin 1989

*9. Internationale Aspekte und Globalisierung von Dienstleistungen*

Aharoni, Y. (Hrsg.), *Coalitions and Competition. The Globalization of Professional Business Services*, London u. a. 1993

Breuss, F., Internationaler Handel mit Dienstleistungen: Theoretische Ansätze, in: *Außenwirtschaft*, Nr. 1, 45. Jg., S. 105–130, 1990
Buska, J., *Auslandsgesellschaften internationaler Dienstleistungsunternehmen*, Wiesbaden 1996
Coleman, W. D., *Financial Services, Globalization and Domestic Policy Change*, New York 1996
Daimler-Benz, *Going Global*, Stuttgart 1994
Daniels, P. W., *Service Industries in the World Economy*, Oxford 1993
Deutsches Institut für Wirtschaftsforschung, Deutscher Aufholbedarf in internationalen Dienstleistungen?, in: *DIW Wochenbericht*, Nr. 30, 60. Jg., S. 412–418, 1993
Ganz, W., Schlund, M., Matalik, S., *Industrienahes Handwerk als Dienstleister: Kurzstudie über die Auswirkungen der Globalisierung auf das Zulieferhandwerk*, Stuttgart 1997
Giddens, A., *Jenseits von Links und Rechts, Die Zukunft radikaler Demokratie*, Frankfurt/Main 1997
Giersch, H. (Hrsg.); *Services in World Economic Growth, Symposium 1988*, Tübingen 1988
Gummet, P. (Hrsg.), *Globalization and Public Policy*, Cheltenham 1997
Härtel, H.-H. et al., *Grenzüberschreitende Produktion und Strukturwandel – Globalisierung der deutschen Wirtschaft*, Veröffentlichungen des HWWA, Baden-Baden 1996
Kasper, D. M., The American Enterprise Institute, *Deregulation and Globalization: Liberalizing International Trade in Air Services*, Cambridge Mass. 1988
Knapp, U., *International Trade in Professional Services: Assessing Barriers and Encouraging Reform*, OECD, Paris 1996
Knapp, U., *The General Agreement on Trade in Service (GATS): an Analysis*, OECD Working Papers, Paris 1994
Koll, R., Nam, C. W., Europäische Großstädte wandeln sich weiter zu internationalen Dienstleistungszentren, in: *ifo-Schnelldienst*, Nr. 23, 49. Jg., S. 14–17, 1996
Kono, M. u. a. (Hrsg.), *Opening Markets in Financial Services and The Role of The GATS*, Genf 1997
Krelle, W. (Hrsg.), *The Future of The World Economy, Economic Growth and Structural Change*, Laxenburg 1989
Li, J., Guisinger, S., The Globalization of Service Multinationals in The „Triad" Regions: Japan, Western Europe and North America, in: *Journal of International Business Studies*, Nr. 4, 23. Jg., S. 675–696, 1992
Martin, H.-P., Schumann, H., *Die Globalisierungsfalle. Der Angriff auf Demokratie und Wohlstand*, Reinbek 1996

Mößlang, A. M., *Internationalisierung von Dienstleistungsunternehmen*, Wiesbaden 1995

Moran, M., *The Politics of The Financial Services Revolution: The USA, UK and Japan*, London 1991

OECD, *Industrial Competitiveness, Benchmarking Business Environments in the Global Economy*, Paris 1997

Office for Official Publications of the European Communities, *Communication Indicators for Major Economies 1995*, Luxemburg 1995

Petersen, J. H. u. a., *Die Bedeutung des internationalen Dienstleistungshandels für die Bundesrepublik Deutschland*, Deutsches Institut für Wirtschaftsforschung, Beiträge zur Strukturforschung, Heft 145, Berlin 1993

Reich, R. B., *Die neue Weltwirtschaft, Das Ende der nationalen Ökonomie*, Frankfurt/Main u. a. 1997

Sauvant, K. P. (Hrsg.), *Transnational Corporations in Services*, London 1993

Stock, M., Europas Weg in die Informationsgesellschaft, in: *ifo-Schnelldienst*, Nr. 6, 49. Jg., S. 15–28, 1995

Weisman, E., *Trade in Services and Imperfect Competition. Application to International Aviation*, Boston u. a. 1990

*10. Dienstleistungen in den USA*

Armah, B., Trade Affected Workers in the Service Sector: 1987 and 1990, in: *American Journal of Economics and Sociology*, Nr. 2, 54. Jg., S. 163–177, 1995

Baethge, M., *Regulierung und Deregulierung der Dienstleistungsarbeit in der BRD und den USA*, Hrsg. Rationalisierungs-Kuratorium der Deutschen Wirtschaft, Eschborn 1991

Birk, A., Gries, T., Amerikanisches Job-Wunder versus deutsches Produktivitätswunder – Ein Vergleich der Arbeitsmarktstrategien, in: *Wirtschaftsdienst*, Nr. 2, 77. Jg., S. 99–106, 1997

Bräuninger, D., Gibt es keine Dienstleistungslücke in Deutschland?, in: *Aktuelle Themen*, Nr. 24, S. 3–10, Hrsg. Deutsche Bank Research, 1996

Council of Economic Advisers, *Job Creation and Employment Opportunities: The United States Labor Market, 1993–1996*, A Report by the Council of Economic Advisers with the U.S. Department of Labor, Office of the Chief Economist, 1996

Deutsches Institut für Wirtschaftsforschung, Keine Dienstleistungslücke in Deutschland, Ein Vergleich mit den USA anhand von Haushaltsbefragungen, in: *DIW-Wochenbericht*, Nr. 14, S. 221–226, 1996

Espenhorst, J., *Arbeitsgesellschaft USA*, Schwerte 1995

Friedrich-Ebert-Stiftung, *Arbeitsplätze, Produktivität und Einkommen – Wege zu mehr Beschäftigung im deutsch-amerikanischen Vergleich*, Reihe „Wirtschaftspolitische Diskurse" Nr. 93, Bonn 1996

Gaß, G., Schmid, A., Lohn- und Arbeitsmarktentwicklung in den USA – Einige Anmerkungen zu neueren Tendenzen, in: *WSI Mitteilungen*, Nr. 5, 47. Jg., S. 290–299, 1994

Horn, G. A., Kräftiges Wachstum und hohe Beschäftigung in den USA, in: *DIW Wochenbericht*, Nr. 5, 63. Jg., S. 8–42, 1996

Ochel, W., Schreyer, P., *Beschäftigungsentwicklung im Bereich der privaten Dienstleistungen, USA – Bundesrepublik Deutschland im Vergleich*, Schriftenreihe des ifo-Instituts für Wirtschaftsforschung Nr. 123, Berlin 1988

Oechsler, W. A., *Human Resource Management im öffentlichen Dienst der USA: Bestandsaufnahme der Civil Service Reform*, Bamberger betriebswirtschaftliche Beiträge Nr. 81, Bamberg 1992

ohne Verfasser, Telefonauskunft made in USA: Regionale Diensteanbieter buhlen um die gebührenfreien Nummern, in: *Die Computer-Zeitung*, Nr. 20, 25. Jg., S. 16, 1994

ohne Verfasser, Multimedia – Blick auf neue, interaktive Dienste in USA, in: *Datacom*, Nr. 2, 12. Jg., S. 21–23, 1995

ohne Verfasser, Full-Service-Konzepte liegen in den USA voll im Trend. Die Dienstleistungskultur um ein Produkt hat Hochsaison, in: *Industrie-Anzeiger*, Nr. 16, 118. Jg., S. 86–89, 1996

Ott, M., The Growing Share of Service in the U. S. Economy – Degeneration or Evolution?, in: *Federal Reserve Bank of St. Louis Review*, Nr. 6, 49. Jg., S. 5–22, 1987

Riede, T., Schott-Winterer, A., Woller, A., *Struktur und Entwicklung der sozialen Dienstleistungen: vergleichende Analyse zu den direkten Beschäftigungseffekten des Wohlfahrtsstaates in den USA und der Bundesrepublik Deutschland*, Frankfurt/Main 1988

Walter, C., Zur Dynamik des Arbeitsmarkts in den Vereinigten Staaten, in: *Die Weltwirtschaft*, Nr. 1, S. 113–132, 1994

Werner, Heinz, Die Arbeitsmarktentwicklung in den USA – Lehren für uns?, in: *Mitteilungen aus der Arbeitsmarkt- und Berufsforschung*, Nr. 3, 30. Jg., S. 585–600, 1997

*11. Venture Capital*

Barry, C. B., New Directions in Research on Venture Capital Finance, in: *Financial Management*, Nr. 3, 23. Jg., S. 3–15, 1994

Harrison, R. T., Mason, C. M. (Hrsg.), *Informal Venture Capital: Evaluating The Impact of Business Introduction Services*, London 1996

OECD, *Venture Capital and Innovation*, Paris 1996

Pfirrmann, O., Wupperfield, U., Lerner, J., *Venture Capital and New Technology Based Firms: An US-German Comparison*, Heidelberg 1997

Schween, K., *Corporate Venture Capital: Risikokapitalfinanzierung deutscher Industrieunternehmen*, Wiesbaden 1996

Zemke, I., *Die Unternehmensverfassung von Beteiligungs-Gesellschaften: Analyse des institutionellen Designs deutscher Venture-Capital-Gesellschaften*, Wiesbaden 1995

# Weitere Titel der F.A.Z./Gabler-Edition

Klaus Mangold
**Die Zukunft der Dienstleistung**
Fakten – Erfahrungen – Visionen
1997, 272 Seiten, Geb., ISBN 3-409-19318-9
Der wirtschaftliche Strukturwandel fordert weltweit die Entwicklung zur Dienstleistungsgesellschaft. Ist Deutschland ein geeigneter Standort für Dienstleistungen? Kann sich Deutschland zur Dienstleistungsgesellschaft entwickeln? Das Buch gibt auf diese Fragen kompetente Antworten.

Heinrich W. Ahlemeyer/Roswita Königswieser
**Komplexität managen**
Strategien, Konzepte und Fallbeispiele
1997, 422 Seiten, Geb., ISBN 3-409-19316-2
Wer versucht, die immer komplexer werdenden Probleme von Wirtschaft und Gesellschaft mit herkömmlichen Managementmethoden zu lösen, wird scheitern. Nur das Komplexitätsmanagement sichert professionelle und transparente Entscheidungshilfen für die Zukunft.

Gilbert Probst/Steffen Raub/Kai Romhardt
**Wissen managen**
Wie Unternehmen ihre wertvollste Ressource optimal nutzen
1997, 406 Seiten, Geb., ISBN 3-409-19317-0
Wissensmanagement kann als die pragmatische Weiterentwicklung von Ideen des Organisationalen Lernens verstanden werden. Im Zentrum des Interesses steht der gezieltere Umgang mit der Ressource Wissen. Entdecken Sie diese neue Managementdimension!

MIX
Papier aus verantwortungsvollen Quellen
Paper from responsible sources
FSC® C105338

If you have any concerns about our products,
you can contact us on
**ProductSafety@springernature.com**

In case Publisher is established outside the EU,
the EU authorized representative is:
**Springer Nature Customer Service Center GmbH
Europaplatz 3, 69115 Heidelberg, Germany**

Printed by Libri Plureos GmbH
in Hamburg, Germany